Thèse

POUR LE DOCTORAT.

L'acte public sur les matières ci-après sera soutenu
le 8 août 1857, à 2 heures.

PAR

TH. DUFAY,

Avocat à la Cour impériale de Paris.

Président,   **M. OUDOT.**

MM. PELLAT, Doyen.

Suffragants.   **DE VALROGER,**   Professeurs.

DURANTON,

LABBÉ,   Agrégé.

*Le candidat répondra en outre aux questions qui lui seront
faites sur les autres matières de l'enseignement.*

PARIS

IMPRIMERIE DE J. B. GROS ET DONNAUD,
RUE CASSETTE, 9

1857

A MON PÈRE, A MA MÈRE.

———

A M. LE COMTE DE MONTALEMBERT,

Ancien pair de France,

DIRECTEUR DE L'ACADÉMIE FRANÇAISE.

DU CONTRAT DE CAUTIONNEMENT

EN DROIT ROMAIN ET EN DROIT FRANÇAIS.

CHAPITRE Ier.

DÉFINITION ET CARACTÈRES ESSENTIELS DU CAUTIONNEMENT.

1. Les jurisconsultes romains désignaient sous le nom de *cautio* toute espèce de garantie par laquelle une personne protège ses intérêts et assure l'exercice de ses droits. Ce mot était pris ainsi dans toute la généralité que comporte son étymologie (*cavere*, *cautum*). Mais, dans notre droit, les mots de *caution*, *cautionnement* ont une signification plus restreinte. La *caution* est la personne qui se soumet envers un créancier à satisfaire à l'obligation de son débiteur si celui-ci n'y satisfait pas lui-même; et le *cautionnement* est le contrat par lequel cette personne s'oblige.

2. Le cautionnement, qui, aux différents âges de la jurisprudence romaine, a porté succes-ivement les noms de *sponsio*, *fidepromissio*, *fidejussio,* appartient donc à la classe des contrats désignés sous le nom *d'acce ssoires* ou *de gar antie* et qui supposent une autre obligation dont ils ont pour but d'assurer l'exécution.

3. Il est en outre un contrat *unilatéral*, c'est-à-dire que, des deux personnes par l'accord des volontés desquelles il se forme, une seule est obligée envers l'autre, la caution envers le créancier. Ce caractère est dans le cautionnement aussi essentiel que le premier ; et un contrat par lequel une personne garantirait les droits d'un créancier moyennant un prix donné ou promis par celui-ci ne serait plus un cautionnement, mais un contrat d'une espèce toute différente, un *contrat d'assurance*, où le risque à courir par l'assureur serait l'insolvabilité d'un débiteur.

4. La définition du cautionnement que nous empruntons à la loi (n° 1.) (C. Nap., art. 2011) et les caractères que nous assignons à ce contrat (n°° 2 et 3) sont, comme on le voit, exclusivement tirés des rapports qu'il établit entre la caution et le créancier : la personne du débiteur principal y est étrangère, si ce n'est en ce que le cautionnement suppose une obligation et par conséquent un débiteur. C'est qu'en effet ce contrat se passe tout entier entre le créancier et la caution, et que, s'il intéresse le débiteur, ce n'est pas à titre de partie contractante, mais comme tenu d'ailleurs et principalement d'une obligation ayant le même objet que celle de la caution. Le plus souvent, c'est sur la demande même du débiteur que la caution s'engage ; mais elle peut aussi intervenir à l'insu du débiteur et même contre sa volonté, parce qu'un débiteur ne peut empêcher son créancier de prendre des garanties ni un tiers de contracter à cet effet une obligation envers lui.

Cette diversité de circonstances dans l'intervention du cautionnement n'a aucune influence sur le lien qui s'établit entre le créancier et la caution, bien qu'elle modifie les rapports de la caution avec le débiteur.

De ce que le cautionnement ne se contracte qu'entre la caution et le créancier, il en résulte encore qu'un prix payé par le débiteur à la caution n'affecterait pas l'essence du contrat, à la différence de celui qui sera payé par le créancier.

5. Les caractères du cautionnement ressortiront mieux encore si nous le comparons à quelques autres contrats dont il se rapproche plus ou moins

Le *gage* et l'*hypothèque* sont, comme lui, des contrats accessoires qui tendent à la garantie des droits d'un créancier. Mais ils emploient à ce

 out des moyens tout différents. La garantie s'y
tire de la valeur d'un objet affecté à l'exécution de
l'obligation : ils confèrent un droit *réel* au créancier. Le cautionnement donne pour sûreté à celui-
ci la solvabilité et la bonne foi d'un nouveau débiteur, et n'établit au profit du créancier qu'un
nouveau droit *personnel*. C'est pourquoi le gage
et l'hypothèque ont la même efficacité soit qu'ils
portent sur un bien du débiteur ou sur la propriété d'un tiers qui consent à leur établissement,
tandis que le cautionnement d'une detté par le débiteur lui-même serait un acte insignifiant et qui
n'ajouterait rien à la sûreté du créancier.

Chacun de ces contrats a son avantage particulier. Le créancier trouve dans le cautionnement
une garantie indéfinie qui s'étend en général,
selon les règles relatives à l'exécution des obligations, sur tous les biens que la caution peut
acquérir. Au contraire, les droits nouveaux qui
résultent pour le créancier d'une constitution de
gage ou d'hypothèque, sont restreints aux objets
sur lesquels porte ce contrat, et si ces objets vien-
nent à être détruits, la garantie disparaît. Mais,
d'un autre côté, l'insolvabilité survenue chez la
caution rend inutile son engagement envers le
créancier, tandis que le droit réel d'hypothèque
ou de gage une fois établi sur un bien demeure
efficace indépendamment de la solvabilité du propriétaire.

6. Le cautionnement se distingue par son caractère accessoire du contrat par lequel on promet sous sa responsabilité le fait d'un tiers dont on se *porte fort* (C. Nap., art. 1120). Un achat fait pour une autre personne dont on n'a pas reçu de mandat, mais dont on promet la ratification, nous offre un exemple de ce contrat. Il donne naissance à une obligation principale ; et, tandis que la caution ne peut être engagée qu'à ce dont est tenu un autre débiteur, l'intervention de celui qui se porte fort suppose précisément que celui pour lequel il agit n'est pas obligé. L'obligation d'une autre personne est une condition d'existence du cautionnement ; elle est le but et une cause d'extinction de l'engagement de celui qui se porte fort.

7. Le *pactum constitutæ pecuniæ*, c'est-à-dire la promesse faite au créancier d'acquitter une dette, donne naissance, comme le contrat précédent, à une obligation principale, bien qu'il suppose, comme le cautionnement, la préexistence d'une autre obligation. Il peut, à la différence du cautionnement, émaner du débiteur lui-même. Ce cas, dont le droit romain présentait de fréquentes applications, se rencontre aussi quelquefois dans notre droit, par exemple quand un débiteur fournit à son créancier un *titre nouvel*, cas auquel il s'opère une novation, ou quand un

débiteur renonce à se prévaloir d'une prescription acquise à son profit.

C'est lorsque la promesse de payer une dette est faite par un autre que le débiteur qu'elle se rapproche du cautionnement. Ni l'un ni l'autre de ces contrats ne peuvent créer une obligation plus étendue que celle qu'ils supposent ; l'un et l'autre peuvent être passés sans le consentement du débiteur et même malgré lui ; aucun d'eux n'opère novation, et, dans tous les deux, le paiement de l'un des débiteurs éteint l'action du créancier contre l'autre. Mais l'obligation résultant du *pactum constitutæ pecuniæ* peut avoir un autre objet que la dette primitive, par exemple, de l'argent au lieu de denrées ou réciproquement, et peut renfermer des conditions plus onéreuses. Elle ne suit pas nécessairement le sort de l'autre obligation ; et si l'objet de celle-ci est un corps certain qui vient à périr par cas fortuit, de sorte que le débiteur en soit libéré, le nouveau débiteur qui a promis une autre chose, comme une somme représentant la valeur de cet objet, n'est pas libéré par l'accident qui le détruit. Enfin, celui qui est engagé par le *pactum constitutæ pecuniæ* ne peut pas, comme la caution, invoquer le bénéfice de discussion. Quant au bénéfice de division entre plusieurs coobligés, Justinien l'attacha à ce contrat, comme Adrien l'avait accordé aux cofidéjusseurs.

8. Les jur.sconsultes romains ont aussi étudié, sous le nom de *mandatum pecuniæ credendæ*, une sorte de mandat dont l'exécution produit un cautionnement à la charge du mandant. Ce contrat consiste en un mandat donné à une personne de prêter de l'argent à une autre. Le mandant étant responsable envers le mandataire du préjudice occasionné par l'exécution du mandat, il en résulte que, si l'emprunteur devient insolvable, le prêteur qui a agi en qualité de mandataire a un recours contre le mandant. (Julien, fr. 13, Dig. *de fidej et mand.*). Celui-ci a pris d'avance un rôle comparable à celui de la caution; et, en effet, bien que le cautionnement soit essentiellement accessoire, il peut cependant précéder l'obligation principale, et rien ne s'oppose à ce qu'un tiers se porte caution pour telle dette que contractera telle personne. Les effets d'un tel engagement sont subordonnés à la condition que la dette principale prendra naissance. Mais, tandis que la caution ordinaire qui répond d'une obligation future n'a aucun droit à faire naître cette obligation, le *mandator pecuniæ credendæ* peut forcer le mandataire à effectuer le prêt, à supposer, bien entendu, que le tiers désigné comme emprunteur consente à le recevoir.

CHAPITRE II.

DU CAUTIONNEMENT AUX DIFFÉRENTES ÉPOQUES DU DROIT ROMAIN.

9. Les progrès de la jurisprudence romaine soumirent successivement le cautionnement à trois formes différentes sous lesquelles il fut désigné par les noms de *sponsio*, *fidepromissio*, *fidejussio*.

La *sponsio* porte l'empreinte de l'esprit formaliste et exclusif du droit romain primitif. C'est un engagement que l'on prend par la solennité des paroles de la stipulation, et qui, par cela même, ne peut s'adjoindre qu'aux obligations contractées de cette manière. Les citoyens seuls peuvent se soumettre à cet engagement par la formule sacramentelle : *Spondes?* — *Spondeo*, qui leur est réservée. Le *sponsor* ne transmettait aucune obligation à ses héritiers : les législations primitives considèrent le cautionnement comme un contrat tout personnel; et tel était aussi le caractère de la *pleigerie* de notre ancien droit français. A Rome, il y avait, en outre, une raison particulière pour restreindre ainsi au profit des héritiers de la caution les effets de la transmission héréditaire : on cherchait sans doute à rendre plus rare l'application des moyens d'exécution si rigoureux que la loi des XII Tables autorisait contre les débiteurs.

10. L'introduction de la *fidepromissio* eut pour objet de permettre aux étrangers d'intervenir dans le cautionnement Pour cela, à la formule de la *sponsio: Idem dari spondes? — Idem dari spondeo*, on substitua celle-ci : *Idem fidepromittis? — Idem fidepromitto. La fidepromissio* fut d'ailleurs soumise aux mêmes règles que la *sponsio*, sauf deux exceptions. La disposition de la loi *Publil.a*, dont nous parlerons plus loin (n° 16), ne s'appliquait pas à la *fidepromissio*. En outre, le pérégrin qui se portait *fidepromissor* transmettait son obligation à ses héritiers, si telle était la législation de la cité à laquelle il appartenait.

11. Enfin la *fidejussio* est le cautionnement pouvant s'appliquer à toute espèce d'obligations. Elle naquit des besoins du crédit. C'était une stipulation par laquelle un tiers pouvait s'adjoindre à une obligation même dérivant d'une autre source que la solennité des paroles. La formule en était : *Idem fide tua esse jubes? — Idem fide mea esse jubeo*. L'engagement ainsi contracté se transmettait aux héritiers. La *fidejussio* pouvait précéder l'obligation principale ou s'y adjoindre après un intervalle quelconque, tandis que, selon toute apparence, la *sponsio* et la *fidepromissio* devaient la suivre immédiatement.

Un texte d'Ulpien (Dig. fr. 8 pr. *de fidej. et mand.*), reproduit dans les Instituts de Justinien (*De fidej.*, § 7), nous montre que, dès le temps de ce jurisconsulte, on s'était écarté de la formule primitive de la *fidejussio*. Et même, s'il y avait un écrit constatant une fidéjussion, on supposait les formalités accomplies (Ulpien, Dig. fr. 30 *de verb. oblig.*; Just. Inst. *de fidej.*, § 8). Ce principe paraît avoir été admis plus tôt et plus complétement pour la fidéjussion que pour les stipulations en général : celles-ci ne furent dégagées de l'entrave des formules que par une constitution de l'empereur Léon (Just. Inst. *de verb. oblig.* § 1 *in fine*).

12. Le cautionnement, sous ses noms divers, a été, à Rome, tant sous la république que sous l'empire, l'objet de dispositions législatives importantes dans l'histoire du droit privé, et dont plusieurs se trouvent reproduites dans les législations modernes.

13. Une loi *Apuleia*, portée l'an de Rome 652 (102 ans avant notre ère), et applicable même hors de l'Italie, établit entre les *sponsores* ou *fidepromissores* d'une même obligation une sorte de société qui permettait à celui d'entre eux qui avait payé au créancier plus que sa part, de répéter cet excédant contre les autres par l'action *pro socio*.

On rapporte à cette même loi une autre disposition que Gaïus (*Comm.*, III, § 123) nous fait connaître comme établie par une loi dont le nom est resté illisible dans le manuscrit de Vérone. Le créancier qui voulait recevoir des *sponsores* ou des *fidepromissores* devait faire connaître à l'avance pour quel objet et combien il devait en recevoir. Ces renseignements, en effet, étaient utiles pour que ceux qui allaient associer leur responsabilité pussent mesurer la portée de leur engagement Si le créancier ne faisait pas ces déclarations, les *sponsores* ou *fidepromissores* pouvaient, dans les trente jours, faire constater judiciairement cette circonstance, et se procuraient par là leur libération

14. La loi *Furia*, à laquelle on assigne pour date l'an de Rome 659 (95 ans avant J.-C.), réduisit à deux ans la durée de l'engagement des *sponsores* et des *fidepromissores*, et divisait de plein droit, dans cet intervalle, l'action du créancier entre ceux qui existaient au jour de l'exigibilité.

Cette loi ne s'appliquait qu'en Italie à la différence de la précédente, et lui fut postérieure de quelques années, ce qui fait que Gaïus (*Comm.*, III, § 122) se demande si l'on doit encore appliquer la loi *Apuleia* depuis la loi *Furia*, et résout très logiquement la question par l'affirmative pour les pays hors d'Italie, et par la négative pour l'Italie

15. Une loi *Cornelia*, rendue sous Sylla, doi

elle porte le nom de Cornélius (an de Rome 673, 81 ans av. J.-C), défendit qu'une même personne pût s'obliger pour le même débiteur envers le même créancier et pendant la même année pour plus de XX mille sesterces; le cautionnement qui dépassait cette mesure y était réduit. Il n'est plus question au Digeste de ces restrictions de la loi *Cornelia:* elle était tombée en désuétude à l'époque des compilations de Justinien.

La loi Cornelia s'appliquait non-seulement à la *sponsio* et à la *fidepromissio*, mais aussi à la *fidejussio*, dont il n'est pas encore question dans les lois précédentes. On peut conclure de là que l'usage de la *fidejussio* s'introduisit à Rome vers les derniers temps de la république. Les restrictions apportées par la loi *Furia* au droit du créancier contre le *sponsor* ou *fidepromissor* auront sans doute fait sentir le besoin d'un contrat nouveau qui dispensât le créancier de diviser son action, et qui assurât à cette action une durée plus longue. La fidéjussion répondit à ce besoin en même temps qu'elle permit de cautionner toute espèce d'obligations, et offrit une garantie plus sûre au créancier en transmettant l'engagement de la caution à ses héritiers.

16. Une loi *Publilia* dont on ne connaît pas la date, donnait au *sponsor* qui avait acquitté la dette une action particulière désignée sous le

nom d'*actio depensi* qui entraînait une condamnation au double contre le débiteur principal qui niait son obligation. Le *fidepromissor* et le *fidejussor* n'avaient qu'une action *mandati* contre le débiteur pour recouvrer ce qu'ils avaient payé au créancier. Les jurisconsultes accordaient aussi au fidejusseur l'action *negotiorum gestorum*, lorsqu'il avait acquitté une obligation cautionnée par lui à l'insu du débiteur principal. Il n'est nulle part question de cette dernière action au profit du *sponsor* ou du *fidepromissor* ; ceux-ci ne s'engageaient donc pas à l'insu du débiteur : ce qui s'accorde bien avec la supposition que nous avons faite plus haut que le *sponsor* et le *fidepromissor* devaient s'engager immédiatement après le principal obligé (n° 11).

17. Le sénatus-consulte *Velléien*, rendu sous Claude (an 46 de notre ère), s'appliquait au cautionnement ; mais ne lui était pas particulier. Il rendait en général la femme incapable de s'engager à raison de la dette d'autrui, et complétait ainsi des dispositions contenues dans des édits d'Auguste et de Claude qui défendaient aux femmes d'accéder aux obligations de leurs maris seulement.

La disposition de ce sénatus-consulte, encore en vigueur dans plusieurs législations étrangères, s'était perpétuée dans notre ancien droit. Elle fut écartée peu à peu de la pratique par des renonciations que l'usage autorisa de la part des femmes et qui devinrent de style. Elle fut enfin abrogée par un édit d'Henri IV ; mais elle se maintint en Normandie, où cet édit ne fut pas enregistré. Il n'en est plus question dans le C. Nap.

18. Un rescrit d'Adrien introduisit au profit des cofidéjusseurs le *bénéfice de division*. Cette disposition différait de celle de la loi *Furia* à l'égard des *sponsores*. L'action du créancier se divisait de plein droit entre les *sponsores* vivants au jour de l'exigibilité, tandis que le fidéjusseur attaqué par le créancier devait demander la division de l'action entre lui et ses coobligés solvables au moment de la *litiscontestatio*.

Le cofidéjusseur qui payait toute la dette sans user du bénéfice de ce rescrit n'avait pas de recours contre ses cofidéjusseurs, mais seulement contre le débiteur principal s'il était solvable : la disposition de la loi *Apuleia* ne fut pas appliquée à la *fidejussio*.

Gaïus semble admettre que, dans les provinces, où la loi *Furia* ne s'appliquait pas, les *sponsores* ou *fidepromissores* pouvaient invoquer le bénéfice du rescrit d'Adrien (*Comm.*, III, §121. *in fine*.)

19. A côté du bénéfice de division, nous trouvons, dans le Digeste, celui de *cession d'actions*, et, en outre, dans le Code de Justinien, celui de *discussion*.

Le premier fut imaginé par les jurisconsultes comme un moyen d'assurer le recours de la caution. Ils permirent à celle-ci de refuser au créancier le paiement qu'il réclamait tant qu'il ne lui aurait pas cédé ses actions contre le débiteur. On supposa qu'un fidéjusseur, en payant le créancier, ne faisait qu'acheter les actions de celui-ci tant contre le débiteur que contre les autres fidéjusseurs, et il devint, comme tout cessionnaire d'actions en droit romain, *procurator in rem suam* (Julien : Dig. fr. 17, *de fidej.*; Paul, fr. 30, *cod. t.*). Par là, le fidéjusseur qui désintéressait le créancier acquérait, avec un recours contre ses cofidéjusseurs, le bénéfice des priviléges, hypothèques ou gages qui pouvaient garantir le droit du créancier, et qui n'étaient pas attachés à l'action *mandati* ou *negotiorum gestorum* contre le débiteur principal. Pour forcer le créancier à cette cession, le fidéjusseur devait lui offrir la totalité de la dette, de sorte qu'en usant du bénéfice de division, il perdait droit à celui de cession d'actions.

20. Ce fut Justinien qui, en 539, introduisit le *bénéfice de discussion*, ou plutôt qui le rétablit par la novelle IV. L'empereur grec nous apprend lui-même que le bénéfice de division avait existé autrefois jusqu'au temps de Papinien, qui aurait introduit un usage contraire. La caution attaquée

put, au moyen du bénéfice de discussion, exiger
que le créancier s'adressât d'abord au débiteur
principal, sauf à revenir ensuite réclamer contre
elle ce que le débiteur n'aurait pas pu payer.

En cas d'absence du débiteur principal, la caution devait demander au juge un délai pour l'ap-
peler en cause, et faute de la représentation du
débiteur au bout de ce temps, l'action suivait son
cours contre le fidéjusseur.

21. Justinien introduisit encore plusieurs dispositions nouvelles en matière de cautionnement.
Ainsi il permit au fidéjusseur de réclamer le bénéfice de cession d'actions même après avoir été
poursuivi et condamné, et abolit le principe d'a-
près lequel la litiscontestation opérée à l'égard de
l'un des obligés libérait les autres (C. **28,** *de fidej.*).
Il modifia le sénatus-consulte Velléien, en rendant
valable l'engagement de la femme pour la dette
d'autrui à condition qu'il serait confirmé par une
nouvelle convention postérieure de plus de deux
ans à la première. Mais, plus tard, il rétablit
dans sa rigueur l'ancienne prohibition à l'égard
du mari, et n'admit dans ce cas la confirmation
du cautionnement ou de l'hypothèque consentie
par la femme que si l'obligation principale tournait
évidemment à son profit. Enfin il confirma une
disposition établie par des édits des préfets
du prétoire, d'après laquelle la fidéjussion, non

constatée par écrit et consentie pour un temps indéterminé, n'obligeait que pendant deux mois (C. 27, *de fidej.*).

22. Nous avons dans ce chapitre étudié historiquement la matière du cautionnement en droit romain. C'est du dernier état de cette législation sur la *fidejussio* que nos anciens auteurs ont tiré leurs théories sur le cautionnement. Ces doctrines passèrent dans la jurisprudence, et les rédacteurs du Code Napoléon s'en sont inspirés. Aussi le cautionnement, tel qu'il est réglé chez nous, présente de telles analogies avec la *fidejussio* du droit romain, que l'on ne saurait exposer séparément les principes des deux législations sur cette matière, sans se répéter presque continuellement. Nous nous contenterons donc, pour la partie romaine de cette thèse, de compléter les notions renfermées dans ce chapitre, en indiquant dans les suivants les différences que le droit romain et le droit français présentent sur quelques parties de notre sujet.

Quant aux notions historiques qui se rapportent au droit du moyen-âge, elles seraient complétement inutiles à l'intelligence du droit moderne; et nous nous bornerons à indiquer comme sources où l'on peut les puiser : Beaumanoir, chap. 43, et Ducange, v^is *Plegium* et *plevine*.

CHAPITRE III.

DU CAUTIONNEMENT CONSIDÉRÉ PAR RAPPORT A L'OBLI-GATION PRINCIPALE. — DE SON ÉTENDUE.

23. Le cautionnement, comme la *fidejussio* du droit romain, peut accéder à toute obligation quelle qu'en soit la source. L'obligation d'une caution peut elle-même être garantie par une nouvelle caution qui est alors à l'égard de la première dans la même position que celle-ci vis-à-vis du débiteur principal (Code Napoléon, art. 2014). On l'appelait en droit romain *fidejussor fidejussoris*; chez nous, on lui donne le nom de *certificateur de caution*.

Parmi les obligations résultant d'un contrat, il en est que le débiteur seul peut exécuter selon les termes mêmes de la convention; telles sont en général les obligations de faire. Dans ce cas, le cautionnement a pour objet l'indemnité due par le débiteur lui-même en cas d'inexécution.

24. Le contrat de cautionnement, essentiellement accessoire, ne saurait intervenir que là où existe une obligation principale, ou, pour nous servir des termes de la loi, le cautionnement ne peut exister que sur une obligation valable

(Art. 2012-1°). Pour bien entendre ce principe, il faut voir comment il s'applique aux obligations atteintes de vices opposés à leur pleine validité. Ces vices, selon les principes relatifs aux obligation, n'ont pas tous les mêmes effets, et c'est par un abus de langage qu'on les confond souvent sous le nom de *causes de nullité*. Tous n'ont pas pour résultat de rendre impossible l'existence d'une obligation; mais il en est qui seulement empêchent le contrat de produire tous les effets que comporte sa nature ou qui permettent à l'une des parties de se soustraire, à certaines conditions, aux engagements du contrat. Dans le premier cas, l'absence de toute obligation principale ne laisse pas de place pour un cautionnement. Dans le second, le cautionnement s'applique aux obligations qui peuvent résulter du contrat.

25. Si, par exemple, un contrat est passé sur une fausse cause ou en vue d'un objet illicite, comme il ne peut produire aucune obligation, le cautionnement qui s'y joindrait serait frappé d'une nullité aussi radicale. Il en serait de même si dans le prétendu contrat principal il n'y avait pas eu consentement de la part des parties ou de l'une d'elles. Il n'y aurait là le germe d'aucune obligation, et partant il n'y aurait pas de cautionnement possible.

26. Supposons, au contraire, que le contrat

porte sur un objet sur lequel il est permis de contracter, mais qui se trouve soustrait aux effets du
contrat par une raison étrangère à cet acte lui-
même ; qu'il s'agisse, par exemple, d'un bien
vendu par une personne qui n'en est pas propriétaire. Une telle vente ne pourra pas transférer à
l'acquéreur une propriété que le vendeur n'avait
pas. Néanmoins, la loi elle-même, après avoir qua-
lifié très-improprement cette vente de nulle, déclare qu'elle peut donner lieu à des dommages-
intérêts au profit de l'acheteur qui a ignoré que
la chose fût à autrui (art. 1599). Il n'y a donc pas
ici une nullité radicale : la vente donne lieu
contre le vendeur, au profit de l'acheteur de
bonne foi, à une dette de dommages-intérêts, et
cette dette serait garantie par la caution qui aurait répondu pour le vendeur.

27. Ainsi, pour déterminer les engagements
de la caution qui a accédé à un contrat atteint de
quelque vice, il faut d'abord déterminer ceux
qui pèsent sur le débiteur principal, ce qui n'est
pas toujours aussi facile que dans l'hypothèse
précédente. On n'est pas d'accord, par exemple,
sur les effets de la vente d'un immeuble frappé
d'inaliénabilité sous le régime dotal : la loi dit
bien que le mari pourra faire révoquer une telle
vente, même pendant le mariage, en demeurant
néanmoins sujet à des dommages-intérêts envers

l'acheteur, s'il n'a pas déclaré dans le contrat que le bien vendu était dotal Dans ce cas, il n'est pas douteux que la caution qui aurait accédé à la vente serait tenue accessoirement des dommages-intérêts. Mais qu'arriverait-il si, tout en déclarant la qualité de l'immeuble, le mari ou les époux avaient, en le vendant, promis des dommages-intérêts en cas d'éviction ? Les uns veulent qu'une telle clause soit absolument nulle et que les vendeurs ne puissent pas promettre de garantie à raison d'une éviction à laquelle ils ne peuvent renoncer. D'autres soutiennent que le but de la loi , qui défend l'aliénation de l'immeuble dotal , sera suffisamment rempli pourvu que la créance de dommages-intérêts, en cas d'éviction , ne se poursuive pas sur les immeubles dotaux eux-mêmes. Nous n'entrons pas ici dans l'examen de cette question, étrangère aux principes du cautionnement : il nous suffit de faire observer , quant à l'application des règles de notre matière, que, dans le premier système, la caution qui serait intervenue sur la promesse de garantie ne serait tenue à rien, pas plus que les vendeurs eux-mêmes ; tandis que, dans l'autre opinion, le cautionnement garantirait la créance de dommages-intérêts qui , en cas d'éviction, pèserait principalement sur les vendeurs eux-mêmes.

28. Si l'obligation principale est entachée de dol

ou de violence, la caution pourra, comme le débiteur principal, repousser l'action du créancier. Elle ne perdrait pas ce droit par la ratification du débiteur, postérieure au cautionnement. Mais si cet acte était antérieur au cautionnement, la caution aurait accédé à un contrat pleinement valable, et elle ne pourrait pas plus que le débiteur invoquer des vices qui ont cessé d'affecter l'obligation principale. Si l'obligation se trouve confirmée contre le débiteur principal par l'expiration du délai pour intenter l'action en rescision, la caution elle-même ne pourra plus invoquer le dol ou la violence dont le débiteur principal a été victime, alors même que le délai n'aurait couru qu'en partie depuis qu'elle est engagée.

L'accession d'une personne à un contrat entaché de violence ou de dol peut avoir précisément pour objet de garantir le créancier contre les chances de rescision de l'obligation principale. Il est évident que la personne engagée par un tel contrat ne pourrait pas invoquer contre le créancier le vice de cette obligation. Mais ce contrat ne serait plus un cautionnement; celui qui l'aurait consenti serait tenu comme s'étant porté fort de la ratification d'un engagement susceptible de rescision.

29. L'art. 2024 établit que l'on peut cautionner une obligation bien qu'elle puisse être annu-

lée par une exception purement personnelle à
l'obligé, par exemple dans le cas de minorité. Il
résulte de là qu'une personne qui accède à une
obligation contractée par un incapable, c'est-à-
dire, par un mineur, un interdit ou une femme
mariée, est tenue envers le créancier d'exécuter
cette obligation sans pouvoir en invoquer le vice
comme le peut l'incapable lui-même, et bien que
la rescision que ferait prononcer celui-ci la priverait de recours. Cette solution est confirmée par
l'art. 2056 qui porte (al. 2) que la caution ne peut
opposer les exceptions qui sont purement person-
nelles au débiteur. On représente souvent cette
règle comme une conséquence de ce que le cautionnement aurait pour objet de garantir le créancier non-seulement contre la mauvaise foi et l'insolvabilité du débiteur principal, mais encore
contre les effets de son incapacité. Mais nous
pensons que cette manière de voir est contraire à
la nature accessoire du contrat de cautionnement,
qui ne permet pas que la caution puisse être tenue
à ce dont le débiteur principal ne serait pas tenu,
et nous voyons plutôt dans l'accession d'une personne à l'obligation d'un incapable tout à la fois
un cautionnement et un contrat par lequel on se
porte fort pour la ratification de l'incapable. C'est
comme s'étant porté fort que l'on ne peut invoquer l'incapacité du débiteur. De là résulte que,

si la personne qui accède à l'obligation d'un incapable ignore l'incapacité, comme on ne peut voir dans son engagement l'intention de se porter fort, elle ne sera pas responsable à l'égard du créancier de la rescision de l'obligation principale. Si l'incapable ne faisait pas prononcer la rescision, et que le créancier poursuivît la caution, celle-ci pourrait se prévaloir de son ignorance de l'incapacité tant qu'elle aurait à craindre pour son recours les effets de la rescision.

30. Nous avons jusqu'ici considéré le cautionnement relativement aux conditions de l'existence et de la pleine validité de l'obligation principale. Envisageons-le maintenant sous le rapport de l'étendue de cette obligation.

Le cautionnement étant un contrat essentiellement accessoire, l'obligation de la caution ne peut excéder ce qui est dû par le débiteur principal ni être contractée sous des conditions plus onéreuses (art. 2013, al. 1ᵉʳ). De ce principe les jurisconsultes romains concluaient que l'on n'était tenu à rien lorsque, contractant comme fidéjusseur, on s'obligeait à quelque chose de plus que le débiteur principal. Cette solution résultait de la forme de la fidéjussion, contrat verbal par lequel on s'obligeait à la même chose que le débiteur principal : *Idem fidejubes, idem fidejubeo.* Cette formule ne permettait pas de voir une fidéjussion dans un engagement qui aurait dépassé par son étendue l'obligation principale : la nullité de l'acte était une conséquence de cet axiome que le plus n'est pas contenu dans le moins.

51. Le droit français, qui considère l'intention des parties et non le mécanisme de formules, a résolu la même question d'une manière bien différente : le cautionnement qui excède la dette ou qui est contracté sous des conditions plus onéreuses n'est pas nul, mais seulement réductible à la mesure de l'obligation principale (art. 2013, al. 3). Cette solution est seule conforme à l'équité. Lorsqu'une personne s'engage comme caution, et que l'on ne peut voir dans le contrat autre chose qu'un cautionnement, il y aurait contradiction à déclarer cette personne obligée à quelque chose de plus que le débiteur principal. Toute clause qui paraîtrait rendre la position de la caution plus désavantageuse que celle du débiteur principal ne peut être que le résultat d'une erreur dont il faut tenir compte ou d'une volonté qu'il faut sagement interpréter. Ainsi il est permis de voir dans une clause qui semble rendre la condition de la caution plus dure que celle du créancier, une disposition stipulée au contaire en faveur de la caution et qui ne lui enlève pas, si elle le préfère, le droit de se libérer envers le créancier en accomplissant précisément les clauses de l'obligation principale.

32. La réduction du cautionnement excessif à la mesure de l'obligation principale ne s'entend pas seulement de l'excès dans l'objet même du cautionnement, mais encore de celui qui tient à la condition, au terme, au lieu d'exécution du contrat. Les jurisconsultes romains appliquaient aussi dans tous ces cas leur règle de la nullité du cautionnement excessif.

L'excès ne peut pas porter sur ce qui ne tient qu'aux moyens d'exécution du contrat principal. Ainsi la caution peut être soumise à la contrainte par corps sans que le débiteur le soit.

33. Si le cautionnement ne peut excéder l'obligation principale, il peut très bien ne s'appliquer qu'à une partie de cette obligation ou exclure certaines clauses onéreuses pour le débiteur. Ce principe, reconnu déjà par les jurisconsultes romains, est énoncé dans l'art. (2013, 2me al.) du C. Nap.

Lorsqu'il y aura doute sur l'étendue que les parties ont voulu donner au cautionnement, on devra interpréter leur intention dans le sens le plus favorable à la caution (Art. 1162). C'est par application de ce principe que la cour de Bruxelles a jugé, le 24 mars 1810, que celui qui cautionne expressément le capital d'une rente perpétuelle, sans parler des arrérages, ne peut être tenu, en cas de non paiement par le débiteur, que du remboursement du capital, mais non du service de la rente.

Par la même raison, celui qui n'aurait cautionné pour un fermier que le paiement des canons du bail, ne serait pas tenu des indemnités que le fermier pourrait devoir pour mauvaise administration ou dégradation du fonds.

34. Lorsque le cautionnement est indéfini, c'est-à-dire lorsque rien ne marque l'intention de le restreindre dans des limites plus étroites que l'obligation principale, il s'étend à tous les accessoires de la dette. La loi comprend parmi ces accessoires les frais de la première demande dirigée contre le débiteur, et tous ceux postérieurs à la dénonciation qui en est faite à la caution (Art. 2016).

Une caution qui aurait accédé indéterminément à un emprunt contracté moyennant intérêts, serait tenue des intérêts comme du capital. De même celui qui cautionne, sans autre explication, une constitution de rente, est tenu tant du paiement des arrérages que du remboursement du capital en cas de non-service de la rente.

35. Pour terminer ce qui concerne l'étendue du cautionnement, il nous reste à signaler la disposition de l'art 2017, ainsi conçu : « Les engagements des cautions passent à leurs héritiers à l'exception de la contrainte par corps, si l'enga-

gement était tel que la caution y fût obligée. »
L'insertion de cette disposition qui ne consiste
qu'à appliquer au cautionnement une règle qui
convient à tous les contrats et dont une énon-
ciation spéciale semblait dès lors inutile, s'explique
historiquement. A l'origine de notre droit, on ne
voyait dans la *pleigerie*, comme les Romains dans
la *sponsio* et la *fidepromissio*, qu'un engagement
purement personnel, et qui s'éteignait par la mort
de l'obligé (N° 9). Brillon cite de nombreux arrêts
d'après lesquels les héritiers de la caution n'étaient
pas tenus de l'obligation fidéjussoire de leur auteur (Dictionnaire des arrêts, v° *Caution*, n°s 58 et
59). Plusieurs coutumes contenaient à cet égard
des dispositions expresses. Ainsi l'anciennne coutume de Bourgogne, portait que : « L'héritier du
pleige n'est tenu de la pleigerie si le pleige n'a
expressément obligé ses hoirs, encore qu'il ait
juré en la pleigerie » (T. XXI, art. ccxlvi.). C'est
pour effacer sous ce rapport les derniers vestiges
de notre droit primitif, que les rédacteurs du Code
ont eu soin d'exprimer pour le cautionnement le
principe de la transmission aux héritiers, comme
les jurisconsultes romains faisaient observer la
différence qui existait à cet égard entre la *sponsio*
ou la *fidepromissio* et la *fidejussio*.

CHAPITRE IV.

OBLIGATIONS DE LA CAUTION ENVE.S LE CRÉANCIER.
— BÉNÉFICES DE DISCUSSION ET DE DIVISION.

36. La caution répond non-seulement de la solvabilité, mais encore de la bonne foi du débiteur. Le créancier peut donc la poursuivre par cela seul que le débiteur n'exécute pas son obligation lorsqu'il est tenu de le faire: la doctrine et la pratique ont repoussé presque universellement la doctrine de Delvincourt, qui exige du créancier poursuivant la caution la preuve qu'il a mis en demeure le débiteur principal.

Une personne, en accédant à la dette d'autrui, pourrait, à la vérité, ne s'engager qu'à payer une indemnité au créancier en cas d'insolvabilité totale ou partielle du débiteur. Telle était, en droit romain, la position du *fidejussor indemnitatis* et celle du *mandator pecuniæ credendæ*. Mais le cautionnement, proprement dit, comporte une obligation plus rigoureuse et qui n'a rien de conditionnel: l'objet en est le même que celui de la dette principale.

37. Cependant l'engagement de la caution n'étant qu'accessoire, il est à présumer qu'elle a entendu se réserver le droit de se mettre à l'abri

des poursuites du créancier en lui opposant la solvabilité du débiteur principal. Tel est le fondement du bénéfice de discussion : le législateur, en
le reconnaissant , n'a fait que consacrer l'intention probable des parties. Le droit romain clas-
sique ne l'admettait pas, parce que la formule de
la fidéjussion ne permettait pas de considérer le
fidéjusseur comme tenu moins rigoureusement
que le débiteur lui-même.

58. La caution peut renoncer au bénéfice de
discussion, et cette renonciation résulterait vir-
tuellement de la clause par laquelle elle s'engage-
rait solidairement avec le débiteur (2021).

L'art. 142 du Code de commerce rejette, sauf
convention contraire, le bénéfice de discussion
en matière d'aval, c'est-à-dire, de cautionnement
apposé sur une lettre de change. La doctrine gé-
néralise cette disposition et l'étend, conformément
à notre ancien droit, à tous les engagements
commerciaux, parce qu'ils requièrent une célérité
particulière, et que d'ailleurs le cautionnement
n'y est pas toujours gratuit. Le non-négociant
engagé civilement envers un négociant pourrait
opposer le bénéfice de discussion.

L'art. 2042 du Code Napoléon reproduit encore
une disposition de notre ancien droit en refusant
le bénéfice de discussion à la caution judiciaire.

59. La caution qui pouvait opposer le bénéfice

de discussion est censée y renoncer quand elle néglige de s'en prévaloir sur les premières poursuites dirigées contre elle (2022). Cette disposition tranche, dans le sens de Pothier (*Traité des oblig.*, n° 409), une question sur laquelle nos anciens auteurs n'étaient pas d'accord.

Ainsi une caution ne pourrait demander pour la première fois en appel la discussion du débiteur. C'est ce qu'ont décidé la Cour de cassation et la Cour de Toulouse par des arrêts du 27 janvier 1839 et du 30 avril 1836. La Cour de Bourges avait jugé dans le même sens, le 30 avril 1830, à l'égard du tiers détenteur d'immeubles hypothéqués.

40. La caution doit opposer le bénéfice de discussion avant d'avoir signifié au créancier des conclusions ou défenses sur le fond. Elle peut, sans perdre ce bénéfice, et elle devra même opposer d'abord l'incompétence du tribunal ou la nullité de l'exploit. Et même, il est certaines conclusions qui, bien que relatives au fond même du débat, ne supposent pas l'abandon du bénéfice de discussion, et que par conséquent la caution pourra prendre sans encourir de déchéance. Il est évident, par exemple, qu'une caution qui aurait plaidé d'abord sur l'existence, la validité ou l'extinction de sa propre obligation ou de l'obligation principale n'a pas manifesté par là l'inten-

tion de renoncer au bénéfice de discussion , qui suppose précisément que la caution se tient pour obligée. Mais il en serait autrement si la caution avait plaidé sur la quotité de la dette principale ou sur l'étendue de ses propres engagements.

41. Si pendant les poursuites exercées contre la caution, il échet des biens au débiteur , il ne faut pas, comme le fait Pothier, admettre la caution à opposer le bénéfice de discussion. Le texte de l'art. 2022 s'y oppose ; et, en décidant autrement, on entraverait trop l'action du créancier. Du moment que le débiteur principal était insolvable au commencement des poursuites dirigées contre la caution , celle-ci ne pouvait prétendre à la discussion du premier. Si ensuite le débiteur acquiert des biens, la caution pourra le poursuivre de son côté.

42. Si les poursuites dirigées contre la caution sont extrajudiciaires, on appliquera le même principe pour déterminer à quel moment la caution ne pourra plus opposer le bénéfice de discussion : elle sera censée y avoir renoncé quand elle aura gardé le silence assez longtemps pour laisser croire au créancier qu'elle n'entend pas s'en prévaloir. C'est ce qui arriverait si elle avait laissé prononcer la validité d'une saisie-arrêt faite sur elle, vendre ses meubles sur saisie-exécution, ou faire la notification sur une saisie de biens-fonds.

43. La caution qui oppose au créancier le bénéfice de discussion est tenue de lui indiquer les biens du débiteur sur lesquels il peut poursuivre son paiement et, en outre, de lui avancer les frais nécessaires à ces poursuites (art. 2023, al. 1ᵉʳ). Justinien avait exigé aussi que le débiteur principal fût en cause ou que la caution prît l'engagement de le représenter dans un délai fixé par le juge (N° 20). Cette exigence tenait à la longueur des procédures qu'il fallait suivre en droit romain pour discuter les biens d'un absent. Elle n'aurait pas de raison d'être dans notre droit, où la discussion d'un absent n'est pas plus compliquée que celle d'un débiteur présent. Loyseau et Pothier ont déjà fait cette remarque sous l'empire de notre ancien droit.

44 L'indication de biens est prescrite plus rigoureusement aujourd'hui qu'elle ne semble l'avoir été autrefois. Ainsi, selon Pothier, par cela seul que la caution opposait le bénéfice de discussion, le créancier devait discuter au moins les meubles qui se trouvaient au domicile du débiteur, et, s'il n'y en avait pas, faire constater cette absence au moyen d'un procès-verbal de carence dressé par un huissier. L'art. 2023 du C. Nap., relatif aux conditions du bénéfice de discussion, ne fait pas cette restriction à l'obligation imposée au fidéjusseur d'indiquer les biens du débiteur. Il

— 36 —

lui enlève même le droit d'indiquer ceux de ces
biens qui seraient situés hors du ressort de la cour
impériale du lieu où le paiement doit être fait,
ceux qui seraient litigieux, et ceux enfin qui, hypothéqués à la dette, ne seraient plus en la possession du débiteur.

45. Il est bien entendu au reste que la caution
doit comprendre dans une seule indication tous
les biens du débiteur sur lesquels elle entend faire
porter les poursuites du créancier ; et que, si les
biens indiqués d'abord ne suffisent pas pour désintéresser le créancier, la caution ne pourra repousser de nouveau son action en fasant une seconde indication de biens. Il paraîtrait juste cependant d'autoriser cette seconde indication dans
le cas où des biens ne seraient échus au débiteur
que depuis la première.

46. Notre droit actuel est, pour l'avance des
frais de discussion comme pour l'indication des
biens, plus sévère à l'égard de la caution que notre
ancienne jurisprudence. La caution ne devait
autrefois d'avances que pour la discussion des immeubles ; elle en doit aujourd'hui dans tous les cas,
lors même qu'il ne s'agirait que d'une saisie mobilière.

47. L'offre d'avancer les frais n'est pas nécessaire pour rendre recevable l'exception de discussion. Il suffit que la caution avance les frais quand

le créancier le demande. C'est ainsi que la Cour
de cassation l'a décidé, conformément à notre ancienne jurisprudence, par un arrêt du 21 mars
1827. Si les parties ne peuvent s'entendre sur
le montant des frais à avancer par la caution,
c'est le tribunal qui le fixera. Quant à la remise
des avances, la caution est à l'abri de tout danger en la faisant entre les mains du créancier qui
doit justifier de leur emploi ; s'il refusait de les
recevoir, on devrait en ordonner la consignation.

48. Nos anciens auteurs discutaient la question
de savoir sur qui devait retomber l'insolvabilité
du débiteur survenue depuis que la caution avait
opposé au créancier le bénéfice de discussion. On
admettait généralement que la caution restait
même alors responsable de la solvabilité du débiteur. On considérait que le créancier qui s'était
fait donner une caution s'était par là même déchargé du soin de veiller à ce que le principal
obligé restât en état d'acquitter son obligation.
Henrys nous apprend que c'était là l'opinion du
barreau de Paris ; et Pothier voyait dans la règle
contraire de la coutume de Bretagne (art. 192 de
la cout. nouv., et 209 de l'anc.) une disposition
anomale que l'on ne devait pas appliquer dans le
ressort des autres coutumes. L'art. 2024 du
C. Nap. a tranché la question d'une manière tout
à fait conforme à l'équité en mettant à la charge

du créancier l'insolvabilité du débiteur survenue par le défaut de poursuites lorsque la caution a de son côté fait au créancier l'indication des biens et l'avance des frais. Cette disposition laisse aux juges une sage liberté pour décider d'après les circonstances si l'insolvabilité du débiteur est en effet due à la négligence du créancier. Ainsi, par exemple, ils feraient retomber les conséquences de cette insolvabilité sur la caution qui se serait empressée de faire l'indication des biens et l'avance des frais pour se soustraire au danger d'une insolvabilité imminente du débiteur.

49. Une dernière question relative au bénéfice de discussion se rapporte au cas où, l'obligation principale ayant été contractée par plusieurs co-débiteurs solidaires, le fidéjusseur n'aurait cautionné qu'un ou quelques-uns d'eux seulement. On se demande si ce fidéjusseur pourrait requérir la discussion de ceux mêmes qu'il n'aurait pas cautionnés. L'affirmative nous semble résulter de la nature de l'obligation solidaire : l'objet de l'obligation de tous les débiteurs solidaires étant le même, cautionner l'un d'eux c'est en quelque sorte les cautionner tous. Cette solution est en outre dictée par le principe de l'art. 1162, qui veut que, dans le doute, on interprète une obligation dans le sens le moins défavorable au débiteur.

50. Lorsque plusieurs personnes accèdent à titre de cautions à l'obligation d'un même débiteur, il résulte de l'identité de l'objet de leurs engagements que le créancier peut demander à chacune d'elles ce qu'il pourrait demander à une autre, et par conséquent à celle qui serait solvable ce qu'il ne pourrait retirer des insolvables. Cette responsabilité mutuelle, par laquelle les cautions garantissent leur solvabilité respective, constitue entre elles un lien de solidarité particulier au contrat de cautionnement. En effet, lorsque plusieurs personnes s'engagent en même temps, elles sont, en général, censées contracter chacune une obligation indépendante de celle des autres (Art. 1202), de sorte qu'il y a autant de dettes distinctes que de débiteurs. Au contraire, selon les termes de l'art. 2025 : « Lorsque plusieurs personnes se sont rendues cautions d'un même débiteur pour une même dette, elles sont obligées chacune à toute la dette. »

51. Si une seule caution garantissait plusieurs débiteurs conjoints, ou si le débiteur d'une obligation cautionnée laissait plusieurs héritiers, il ne faudrait pas considérer qu'à l'égard de la caution il n'y a qu'une seule dette, de sorte que le créancier pût la contraindre à payer le tout indivisément. Une caution ne peut devoir indivisément ce que des débiteurs doivent divisément :

ce serait contraire au principe de l'art. 2013 ; et, si le créancier interrompait la prescription à l'égard de l'un des débiteurs conjoints, il faudrait, relativement à la caution, considérer la prescription comme interrompue pour le tout, et l'on arriverait à ce résultat inadmissible d'une caution tenue à acquitter une dette éteinte en la personne du débiteur principal.

52. La solidarité entre cautions d'un même débiteur n'est pas aussi complète que la solidarité proprement dite. Le cautionnement n'ayant pour but que d'assurer au créancier une pleine garantie, chacune des cautions peut se prévaloir de la solvabilité des autres, comme le créancier lui-même pourrait faire retomber sur elle les conséquences de leur insolvabilité. En d'autres termes, les cofidéjusseurs jouissent du *bénéfice de division* (Art. 2026) qu'exclut la solidarité proprement dite (Art. 1203) ; c'est-à-dire que le cofidéjusseur, à la différence du débiteur solidaire, peut exiger que le créancier qui l'attaque divise préalablement son action entre lui et ses coobligés.

53. La renonciation au bénéfice de division, d'un usage assez général, comme la renonciation au bénéfice de discussion, a pour effet d'établir entre les cautions une solidarité plus étroite. Elle résulte donc nécessairement de la clause par laquelle les cautions s'engageraient solidairement

entre elles. Cette clause ne ferait d'ailleurs pas perdre à leur engagement son caractère accessoire sur lequel est fondé le bénéfice de discussion. Mais une clause de solidarité avec le débiteur principal, permettant au créancier de demander à chacune des cautions ce qu'il pourrait exiger du débiteur lui-même, c'est-à-dire un paiement intégral, entraînerait la perte des deux bénéfices de discussion et de division. Il est bien entendu d'ailleurs que les cautions pourraient renoncer au bénéfice de discussion tout en se réservant celui de division.

54. Notre ancienne pratique avait emprunté du droit romain une règle qui refusait le bénéfice de division aux cautions qui avaient nié de mauvaise foi leur engagement (Ulpien : fr. 10, § 1, *Dig.*, *de fidej.*). Cette disposition rigoureuse n'ayant pas été reproduite par le Code ne devrait plus s'appliquer aujourd'hui.

55. Il ne faut pas exclure non plus du bénéfice de division les cautions judiciaires, bien que Barnage et Pothier le leur aient autrefois contesté. L'art. 2042 qui prive la caution judiciaire du bénéfice de discussion, ne parlant pas de celui de division, laisse par là même subsister sur ce point l'application du droit commun.

56. Pour que le bénéfice de division puisse être demandé, il ne suffit pas qu'il y ait caution-

nement d'une même dette; mais il faut encore
qu'il y ait cautionnement d'un même débiteur.
Ainsi la caution d'un débiteur solidaire ne pourrait demander de division entre elle et la caution du codébiteur solidaire. C'est ce que déci-
daient déjà en droit romain Papinien et Pom-
ponius (fr. 51, § 2 et fr. 43 *de fidej. et mand.*)
Encore moins une caution pourrait-elle demander
une division entre elle et son certificateur : à
la raison qu'il n'y a pas non plus dans ce cas
cautionnement d'un même débiteur bien qu'accession à une même dette, se joint encore cette
autre que la caution est à l'égard de son certificateur dans la position du débiteur principal vis-à-
vis de sa caution, et il est clair que l'on ne peut
pas faire poursuivre celui à qui l'on devrait
garantie d'une poursuite.

57. D'un autre côté, le cautionnement d'une
même dette et d'un même débiteur suffit pour
que l'on puisse invoquer le bénéfice de division;
et il n'est pas nécessaire que les cautions se soient
engagées en même temps. En vain, pour sou-
tenir l'opinion contraire, a-t-on fait observer que
la première caution qui s'est engagée n'a pu tenir
compte d'un cautionnement postérieur, ni la seconde d'un cautionnement antérieur qu'elle n'aurait pas connu. L'art. 2026 qui établit le bénéfice
de division entre cofidéjusseurs, fait une restric-

tion à l'art. 2025 qui les déclare tenus chacun pour le tout, et par conséquent embrasse dans sa disposition tous les cas auxquels s'applique ce dernier. Et d'ailleurs, on ne voit pas pourquoi une caution, en s'engageant, n'aurait pas eu l'intention de se prévaloir de toutes les circonstances qui peuvent alléger son obligation sans diminuer la garantie que le cautionnement a pour but de procurer au créancier. Le fidéjusseur profite de ces circonstances de même qu'il répond des chances d'insolvabilité du débiteur même imprévues lors du cautionnement.

58. La division de la dette ne s'opère en réalité qu'entre les cautions solvables. Mais la caution qui invoque le bénéfice de discussion n'est pas tenue de prouver que ses cofidéjusseurs ou tels d'entre eux sont solvables. Elle est traitée plus favorablement que celle qui se prévaut du bénéfice de discussion, puisque celle-ci doit indiquer les biens du débiteur et de plus faire l'avance des frais de discussion. La caution peut, en offrant sa part de la dette, détourner l'action du créancier même sur les cofidéjusseurs d'une solvabilité douteuse, sauf au créancier à l'attaquer de nouveau en justifiant de poursuites inutilement faites contre les autres cautions. C'est alors seulement que la caution est tenue de compléter au créancier la part que laisse à sa charge l'insolva-

bilité de ses cofidéjusseurs (Ulpien : Fr. 10 *de fidej. et mand. pr.*). Si, l'une des cautions étant solvable, son certificateur était solvable, c'est sur celui-ci que retomberait l'insolvabilité de cette caution (Ulpien : Fr .27, § 2,*eod.*).

59. Il faudrait assimiler au cas d'insolvabilité celui d'une très grande difficulté à poursuivre utilement l'une des cautions, par exemple si celle-ci ne possédait pas de biens en France et demeurait dans un pays étranger où les jugements rendus en France ne seraient pas exécutoires. C'est aux juges à décider, d'après les circonstances, si l'admission du bénéfice de division porterait atteinte aux droits légitimes du créancier. Par là se trouve tranchée cette question débattue entre nos anciens auteurs : si l'on doit assimiler à une caution insolvable celle qui demeurerait en pays étranger.

60. Ce que nous avons dit pour le cas d'insolvabilité de quelqu'une des cautions (N° 58) s'appliquerait également au cas où l'une d'elles se serait fait restituer contre son engagement : cette caution ne compterait pas dans l'exercice du bénéfice de division. Si la rescision n'était pas encore prononcée, la caution attaquée pourrait demander que celle qui peut faire rescinder son obligation comptât provisoirement, sauf, si la rescision est en effet obtenue, à répartir ensuite la part de la caution déchargée entre les autres.

61. Si l'une des cautions était engagée sous une condition suspensive, nous pensons qu'elle ne devrait pas compter dans l'exercice du bénéfice de division, parce que, malgré l'effet rétroactif de la condition, l'obligation n'existe réellement pas avant l'événement de cette condition. Les autres cautions seraient obligées de payer provisoirement le tout, sauf à recourir ensuite contre la caution engagée conditionnellement, si la condition se réalise. La même solution s'appliquerait en cas d'un cautionnement à terme.

La solution contraire qu'Ulpien (Fr. 27, pr. *de fidej. et mand.*) donne à ces questions, s'explique, par des principes du droit romain, qui n'ont pas passé dans notre législation. Le fidéjusseur qui aurait payé pour son cofidéjusseur engagé conditionnellement n'aurait pas pu avoir de recours contre celui-ci, même en se faisant céder les actions du créancier, puisque celui-ci n'aurait pas eu d'action contre le fidéjusseur sans condition avant l'événement de la condition ou l'échéance du terme : c'est pour éviter que la dette ne retombe entièrement sur le fidéjusseur engagé purement et simplement, qu'Ulpien lui permet d'invoquer le bénéfice de division contre le fidéjusseur engagé sous condition ou à terme.

Si une caution était engagée sous une condition résolutoire, elle serait provisoirement comprise dans la division, sauf à revenir sur cette division si la condition se réalise.

62. Le bénéfice de division est plus favorable que celui de discussion, non-seulement sous le rapport de ses conditions (N° 58), mais encore relativement au moment où l'on peut l'opposer. Le bénéfice de discussion doit, en effet, comme nous l'avons dit (N°ˢ 50 et suiv.), sous peine de déchéance, être opposé par la caution sur les premières poursuites du créancier. Le bénéfice de division n'est l'objet d'aucune disposition analogue : la loi ne dit nulle part à quel moment de la procédure la caution doit s'en prévaloir. Nous appliquerons donc encore à cet égard la règle que notre ancienne jurisprudence avait déduite de la nature *péremptoire* de l'exception de division, et nous permettrons à la caution de l'opposer tant qu'un jugement rendu en dernier ressort ou passé en force de chose jugée ne l'a pas condamnée à payer toute la dette. Mais il faut que la caution demande la division; et, si elle ne le faisait pas, les juges ne pourraient pas la lui accorder d'office.

63. Si les poursuites dirigées par le créancier étaient extrajudiciaires, la caution pourrait demander la division tant qu'elle n'aurait pas payé, à moins qu'elle n'y eût renoncé. Mais une renonciation ne résulterait nullement, comme on l'a

quelquefois enseigné, de ce que la caution aurait laissé vendre ses biens sans se prévaloir du bénéfice de division. Qu'il s'agisse de payer tout ou partie de la dette, il faut bien en venir à ce moyen d'exécution, et la caution, en la laissant pratiquer, n'annonce en rien l'intention d'acquitter toute la dette. Si le bénéfice de discussion ne peut pas être invoqué en un pareil état de choses, c'est qu'il a pour objet de détourner l'action du créancier, et non pas de la faire réduire.

64. La caution ne pourrait pas sortir des liens de solidarité qui l'unissent à ses cofidéjusseurs en offrant au créancier qui ne la poursuivrait pas le paiement de sa part dans la dette Autrement, elle priverait le créancier du droit de demander un paiement indivis au débiteur principal ou aux cautions qui auraient renoncé au bénéfice de division. La caution trouve d'ailleurs un moyen d'éviter les conséquences fâcheuses pour elle de l'inaction du créancier dans la faculté qu'elle a de forcer le débiteur à acquitter la dette devenue exigible ou à lui fournir la décharge de son cautionnement (Art. 2032-4°).

65. La division a pour effet de rendre la caution qui l'a fait prononcer étrangère à l'obligation de ses cofidéjusseurs. Elle cesse dès lors d'être responsable envers le créancier de l'insolvabilité où ceux-ci pourraient tomber par la suite Mais si

les poursuites du créancier contre eux venaient à révéler un état d'insolvabilité existant déjà, quoique inconnu, au moment de la division, il faudrait revenir sur la division telle qu'elle a été opérée d'abord, et répartir entre les cautions solvables la part de celles que l'on aurait à tort considérées comme telles (Art. 2026, al. 2). Quant au moment précis où la caution cesse de répondre de la solvabilité de ces cofidéjusseurs, c'est celui où le bénéfice de division a été demandé, le jugement qui prononce la division produisant, selon les règles ordinaires, un effet rétroactif au jour de la demande.

66 La division volontaire que le créancier ferait lui-même de son action produirait des effets plus étendus que la division prononcée sur la demande de la caution. Le créancier ne pourrait revenir sur une telle division lors même qu'il y aurait eu des cautions insolvables même antérieurement au temps où il l'avait consentie. L'article 2027 qui édicte cette disposition n'exige pas, pour que la caution jouisse de cette décharge, qu'elle ait acquiescé à la demande divisée du créancier ou qu'un jugement de condamnation soit intervenu sur cette demande. Mais cette condition est exigée par l'art. 1211 à l'égard d'un codébiteur solidaire à qui le créancier demande sa part. Il faudrait suivre la règle de ce dernier

article si la caution attaquée était engagée solidairement : un acquiescement ou un jugement de condamnation serait alors nécessaire pour que la caution fût déchargée de l'insolvabilité de ses cofidéjusseurs.

67. Il va sans dire, au surplus, que cette décharge de l'une des cautions ne retombe que sur le créancier, et que celui-ci ne pourrait pas réclamer contre les autres solvables ce que la première aurait dû a raison des insolvabilités.

CHAPITRE V.

DES DROITS DE LA CAUTION VIS-A-VIS DU DÉBITEUR ET DE SES COFIDÉJUSSEURS. — DE SA SUBROGATION AUX ACTIONS DU CRÉANCIER.

68. La caution, selon qu'elle est intervenue sur la demande ou à l'insu du débiteur, est, à l'égard de celui-ci, dans la position d'un mandataire ou d'un gérant d'affaires; et lorsqu'elle a payé le créancier, elle trouve dans l'une ou l'autre de ces qualités le fondement d'un recours à exercer contre le débiteur. A Rome, où l'on donnait aux cautions des noms différents selon leur origine, on accordait à la caution dans un cas l'action *mandati*, dans l'autre l'action *negotiorum gestorum*. Ces actions, tout à fait distinctes de celles que le créancier avait contre le débiteur, lesquelles se trouvaient éteintes depuis le paiement fait par la caution, ne participaient en aucune façon aux garanties qui avaient entouré ces dernières. Ainsi, le créancier s'était-il fait donner plusieurs cautions ou constituer des hypothèques sur les biens du débiteur, ces garanties s'éteignaient avec l'action du créancier par le paiement effectué par l'une des cautions, et même par la novation judiciaire qui, dans la procédure romaine, résultait de la *litiscontestatio*, et la caution qui avait payé ne pouvait que recourir contre le seul débiteur principal par les actions *mandati* ou *negotiorum gestorum*. Tout cela résultait aux yeux des jurisconsultes du mode d'engagement de la caution : *Idem fidejubes?—Idem fidejubeo*. Les obligations du débiteur et de la caution ayant le même objet, on en concluait que l'une ne pouvait survivre à l'extinction de l'autre.

69. Cependant les jurisconsultes cherchèrent à assurer à la caution, pour son recours, le bénéfice des garanties dont jouissait le créancier lui-même. Pour écarter l'idée de l'extinction des actions du créancier, ils changèrent le caractère intentionnel de l'acte d'une caution qui paie pour le débiteur, et considérèrent ce paiement comme le prix d'achat des actions du créancier (N° 19). La caution put dès lors, après paiement, intenter contre le débiteur les actions mêmes du créancier, à titre

de *mandator in rem suam*. Quant au moyen de forcer le créancier à céder ainsi ses actions, il se présentait naturellement : On permit à la caution de refuser le paiement réclamé par le créancier, tant que celui ci ne consentirait pas à une cession d'actions. Cette faculté donnée à la caution se traduisit dans la formule par une exception *cedendarum actionum*.

70. Notre ancienne jurisprudence suivit à cet égard le système du droit romain : la caution, avant de payer le créancier, pouvait exiger de lui la cession de ses actions contre le débiteur. Il résultait de là que la caution qui avait remboursé le créancier sans se prévaloir du bénéfice de cession d'actions, n'avait aucun droit aux actions du créancier. On n'avait jamais songé à contester cette conséquence de l'origine du bénéfice de cession, lorsque Dumoulin, dans sa première leçon faite à Dôle en 1555, entreprit de prouver que l'on avait jusqu'à lui mal compris les principes du droit romain sur cette matière, et que, d'après cette législation, la caution pouvait, même après avoir payé, se faire céder les actions du créancier. Il voulut même que cette cession résultât de la remise du titre de la créance faite à la caution du consentement exprès ou tacite du créancier. Il était par trop évident que ce système n'était pas celui du droit romain ; et cela suffit pour que personne ne l'admît du temps de Dumoulin.

71. Ce ne fut que deux siècles et demi plus tard que les rédacteurs du Code Napoléon, reprenant et développant même l'idée de ce jurisconsulte, transférèrent de plein droit les actions du créancier à la caution qui le paie et sans qu'il soit besoin d'aucune cession même postérieure au paiement.

L'ancien *bénéfice de cession d'actions* fut ainsi transformé en une *subrogation légale*, que l'article 2029 consacre en ces termes : « La caution qui a payé la dette est subrogée à tous les droits qu'avait le créancier contre le débiteur. » Cette disposition n'est du reste qu'une application du principe général que la subrogation a lieu de plein droit au profit de celui qui, étant tenu avec d'autres ou pour d'autres au paiement d'une dette, avait intérêt à l'acquitter (Art. 1251-3°).

72. Il faut appliquer ici l'art. 1252 qui établit que la subrogation ne peut nuire au créancier payé seulement pour partie, et que celui-ci peut exercer ses droits pour ce qui lui reste dû par préférence à celui dont il n'a reçu qu'un paiement partiel. Mais cette règle doit être restreinte au cas prévu d'un paiement partiel ; il ne faudrait pas l'appliquer dans le cas où une caution aurait acquitté une dette garantie par des hypothèques sur des biens hypothéqués ensuite de nouveau à une autre dette au profit du même créancier. La caution passerait alors pour la dette antérieure avant le créancier pour la dette postérieure. Cette solution était déjà donnée par Renusson dans notre ancien droit (*Traité de la subrog.*, ch. XV).

73. Le recours de la caution contre le débiteur s'étend au capital, aux intérêts, aux frais et aux dommages-intérêts (art. 2028). Le capital s'entend de la somme principale que la caution a payée au créancier. Si le créancier avait fait remise d'une partie de la dette à la caution, celle-ci ne pourrait demander au débiteur que ce qu'elle a payé à sa décharge, à moins que le créancier n'eût eu l'intention de lui donner le reste de sa créance, cas auquel ce ne serait plus au titre même de caution que la caution agirait pour le surplus contre le débiteur.

Les intérêts dont il est ici question sont ceux qui, échus au moment du paiement, ont été compris dans ce paiement.

Les frais compris dans le recours sont ceux que la caution a été obligée de supporter par la faute du débiteur. Pour pouvoir comprendre dans son recours les frais faits contre elle, la caution doit avertir le débiteur (Art. 2028, al. 2), de même que le créancier, pour pouvoir faire retomber subsidiairement sur la caution les frais faits contre le débiteur, doit la prévenir des poursuites qu'il exerce contre le principal obligé (Art. 2016).

74. En permettant à la caution qui a payé de réclamer des dommages-intérêts, s'il y a lieu, l'art. 2028 met à la charge du débiteur l'obligation de réparer le dommage qui résulte pour la caution de l'emploi des moyens d'exécution pratiqués contre elle à défaut de paiement par le débiteur. Le préjudice éprouvé par la caution est la mesure en même temps que le fondement de cette obligation du débiteur. Il en résulte que si l'exécution de l'obligation principale consistait dans le paiement d'une somme d'argent, la caution pourrait, selon les circonstances, réclamer à titre de dommages-intérêts une somme plus considérable que les intérêts légaux de la somme payée par elle. Aussi l'art. 1153 du C. Nap., qui établit que le retard dans l'exécution d'une obligation ayant pour objet le paiement d'une somme, n'entraîne en général, contre le débiteur, que l'obligation de payer, à titre de dommages-intérêts, les intérêts légaux, fait-il une restriction pour le cas de cautionnement.

La règle particulière qu'on applique en ce cas se fondant sur la faveur que mérite la caution, qui, en s'obligeant, rend ordinairement un service au débiteur, Delvincourt a pensé qu'il faudrait appliquer l'art. 1153, si le cautionnement avait été contracté à titre onéreux pour le débiteur. M. Duranton rejette cette distinction par la

raison que, tout en payant le prix du cautionnement, le débiteur n'en restait pas moins tenu à
acquitter son obligation envers le créancier et à
prévenir le dommage qui résulterait pour la caution de cette inexécution, dommage qui pourrait,
dans beaucoup de cas, dépasser le prix du cautionnement. Nous préférons en principe l'opinion
de M. Delvincourt, et le prix du cautionnement
nous paraît être précisément, à défaut d'intention
contraire manifestée par les parties, une indemnité aléatoire des dangers auxquels la caution s'expose. S'il résultait de l'acte que les parties n'ont
envisagé la somme payée à la caution par le débiteur que comme le prix du service rendu à celui-
ci, ce serait le cas de permettre à la caution, après
paiement, de réclamer encore des dommages-intérêts.

75. Les sommes payées par la caution au créancier en l'acquit du débiteur produisent des intérêts de plein droit dans le cas où le cautionnement
est intervenu sur la demande du débiteur, parce
que cet acte et le paiement ont été alors l'exécution
d'un mandat donné par ce dernier à la caution,
ce qui nous place dans le cas de l'art. 2001, d'a-
près lequel « l'intérêt des avances faites par le mandataire lui est dû par le mandant, à dater du jour
des avances constatées. » Mais si la caution était
intervenue sans la demande du débiteur, le sim-

ple titre de *gérant d'affaires* qu'elle pourrait seul invoquer dans son recours, ne nous paraîtrait pas suffisant pour faire courir à son profit des intérêts de plein droit. Quelques auteurs, il est vrai, ont voulu, sous le rapport qui nous occupe, assimiler le *negotiorum gestor* au mandataire; mais la nature exceptionnelle de la disposition de l'art. 2001 au profit du mandataire, ne permet pas de l'étendre au cas de gestion d'affaires. On violerait par là ce principe d'interprétation des lois que l'on ne doit pas étendre l'exception au préjudice de la règle ; car il est de règle qu'une somme due ne porte intérêts que du jour de la demande (Art. 1153, dern. al.)

76. S'il y avait plusieurs débiteurs solidaires, la caution qui les aurait tous cautionnés aurait son recours pour le tout contre chacun d'eux (Art. 2030). Mais si elle n'a cautionné qu'un ou quelques-uns d'eux, elle ne pourra agir pour le tout que contre celui ou ceux qu'elle a cautionnés. Pour les autres, elle ne pourra réclamer à chacun d'eux que sa part dans la dette et ce qu'il aurait eu à supporter de l'insolvabilité de ces codébiteurs. Admettre une décision contraire, ce serait permettre à un débiteur solidaire d'aggraver la condition de ses codébiteurs en donnant une caution au créancier, puisque, s'il payait lui-même, il n'aurait qu'un recours divisé contre les autres

77. La caution qui a payé la dette peut intenter son recours contre le débiteur pendant trente ans à partir du paiement. Le débiteur ne pourrait pas invoquer contre elle la prescription qui aurait été en voie de s'accomplir contre le créancier ou qui se serait opérée contre lui par un délai plus court, par exemple par cinq ans, s'il s'agit d'intérêts ou d'arrérages. Autrement on retournerait contre la caution les effets de la subrogation qui n'a été établie qu'en sa faveur.

78. Le recours de la caution ne suppose pas nécessairement que le paiement fait par elle ait été utile au débiteur. Mais elle serait responsable de l'utilité du paiement s'il y avait faute à lui imputer. C'est ce qui arriverait, par exemple, dans le cas où une caution, ayant répondu pour un acquéreur, aurait payé le vendeur sachant que l'objet vendu n'existait pas au moment de la vente, ou que l'acquéreur était évincé ou menacé de l'être quand elle a payé. Il y aurait également faute, et partant pas de recours, si la caution savait que la dette était remise, compensée ou prescrite. Dans ce dernier cas, la caution, comme l'enseigne Pothier, d'après les jurisconsultes romains, n'aurait dû payer qu'après s'être assurée de l'intention du débiteur.

79. Que déciderions-nous dans le cas où la caution aurait payé sans en prévenir le débiteur

principal et ignorant que celui-ci avait des
moyens de faire déclarer la dette éteinte ? La
caution pourrait-elle exercer un recours contre
le débiteur, sauf à celui-ci à intenter une répétition contre le créancier ; ou bien, le débiteur
étant à l'abri de toute poursuite de la caution,
celle-ci ne pourrait-elle que répéter contre le
créancier ce qu'il a indûment reçu ? Il faudrait
adopter l'une ou l'autre de ces solutions, selon
que la caution aurait payé sur les poursuites du
créancier ou qu'elle l'aurait fait spontanément.
Dans le premier cas, en effet, le débiteur serait
en faute de n'avoir pas averti du paiement fait
par lui la caution, que les poursuites du créancier ont dû induire en erreur. Dans le second
cas, au contraire, ce serait la caution qui aurait
eu tort de payer sans prévenir le débiteur (Article 2031, 2ᵉ al.). Si le débiteur principal avait
ignoré l'existence du cautionnement, la caution
qui aurait payé la dette après son extinction ne
pourrait jamais exercer de recours contre lui.

80. Il peut arriver au contraire que le paiement
fait par la caution ait éteint la dette et que cependant la caution ne puisse exercer de recours. C'est
lorsque, la caution ayant négligé d'avertir le débiteur, celui-ci a payé une seconde fois. Dans ce
cas, la caution ne peut qu'agir en répétition
contre le créancier (Art 2034-1°).

81. La subrogation ne profite à la caution que pour le recouvrement de ce que le créancier aurait pu lui-même demander au débiteur; les garanties qui protégeaient la créance primitive ne s'étendent pas aux dommages-intérêts dus à la caution, ni aux frais à recouvrer par elle. Le système contraire aggraverait la condition du débiteur et préjudicierait aux droits des créanciers cédulaires ou hypothécaires d'un rang inférieur. Il faut donc considérer la subrogation comme ayant pour effet de transférer sur la tête de la caution l'action même du créancier, et non pas de faire passer à une créance nouvelle née du paiement les garanties qui protégeaient la première. C'est ainsi, en effet, que Dumoulin et Pothier ont envisagé la subrogation, et, de ce qu'elle est aujourd'hui légale au lieu d'être l'effet d'une convention, il ne s'ensuit pas qu'on doive la considérer autrement, ni lui faire produire des effets plus étendus.

De là résulte que les garanties qui protégeaient la créance acquittée par la caution, telles que les hypothèques et cautionnements, s'éteindront par la prescription de l'action même du créancier et non pas trente ans seulement après le paiement. Autrement la caution prolongerait sans aucun acte interruptif la durée des hypothèques et cautionnements au préjudice des personnes qui pourraient les croire éteints avec l'action principale.

82. La caution subrogée ne peut, à la différence du cessionnaire, faire valoir les droits du créancier que dans les limites où celui-ci s'est renfermé, parce que le paiement fait par elle au créancier ne constitue pas une spéculation comme celui fait par le cessionnaire. Elle devait, comme mandataire ou comme gérant d'affaires, améliorer la condition du débiteur, et cette qualité ne permet pas de réclamer autre chose qu'une indemnité.

Par application de ce principe, nous déciderions, contrairement à l'opinion de Dumoulin, que si le créancier avait reçu d'une caution le remboursement d'une rente non encore remboursable, la caution ne pourrait refuser au débiteur la faculté de se délibérer dès lors en la remboursant elle-même.

83. Lorsque le créancier est complétement désintéressé, la caution trouve dans la subrogation le droit de faire résoudre contre le débiteur le contrat principal faute d'exécution. Ainsi la caution d'un acheteur qui aurait payé le vendeur pourrait, si le premier ne lui remboursait pas ce qu'elle a payé au second, faire prononcer la résolution de la vente et par là acquérir la propriété dans laquelle le vendeur aurait pu rentrer.

Si le créancier n'était pas complétement désintéressé, la caution ne pourrait sans son consentement faire résoudre le contrat. Tel serait le
cas où la caution d'un fermier aurait payé les canons d'un bail que le propriétaire veut laisser
subsister jusqu'au terme convenu.

84. Pour terminer ce qui concerne l'étendue
de la subrogation, il nous reste à mentionner une
règle importante contraire à la doctrine de Dumoulin, et résultant de la généralité des termes
de l'art. 2030. C'est que la caution est subrogée
même aux droits que le créancier n'a acquis que
postérieurement au cautionnement. Dumoulin
repoussait cette idée parce que la caution n'aurait
dû compter, pour son recours, que sur les garanties existant au moment où elle s'est engagée. Le
législateur a préféré tenir compte des espérances
que la caution pouvait avoir dans l'acquisition de
garanties nouvelles, et a considéré, avec raison,
le créancier qui les acquiert comme agissant non-
seulement dans son propre intérêt, mais encore
dans celui de la caution.

85. En traitant des droits de la caution contre
le débiteur, nous avons supposé jusqu'ici un paiement fait par elle. Cette condition n'est pas nécessaire pour qu'elle puisse agir contre le débiteur, et elle peut, dans certains cas, intenter
contre celui-ci une action préventive. Le droit

romain ne permettait à la caution d'agir contre le débiteur principal avant une condamnation prononcée contre elle au profit du créancier, que dans le cas où le débiteur était depuis longtemps en retard de payer ou dissipait ses biens : « *Si diu reus in solutione cessavit aut certe bona sua dissipavit.* (Marcellus, fr. 38, *Mand.*). L'article 2032 du Code Napoléon accorde ce même droit à la caution dans cinq cas qui se ramènent à quatre.

86. Le premier qu'énumère le législateur, celui où la caution est poursuivie, est, en effet, compris dans le quatrième qui est celui où la dette est devenue exigible par l'échéance du terme sous lequel elle aurait contractée. La distinction de ces deux cas provient de la différence des doctrines de Domat et de Pothier, copiés l'un et l'autre maladroitement par les rédacteurs du Code. Le premier enseignait que l'échéance de la dette était une condition suffisante pour que la caution pût agir contre le débiteur ; le second exigeait que la caution fût poursuivie. On tira de Pothier la disposition étroite du 1° de l'art. **2032**, et on la généralisa ensuite en consacrant dans le 4° la doctrine plus large de Domat.

87. Le second cas, où la caution peut agir contre le débiteur avant d'avoir payé, est celui où le débiteur a fait faillite ou est en déconfiture. Il

correspond à la seconde hypothèse du droit romain : *Aut certe bona sua dissipavit* (N° 85). Nous y trouvons une application du principe qu'un débiteur perd le bénéfice du terme lorsqu'il tombe en faillite ou diminue par son fait les sûretés qu'il avait données par le contrat à son créancier (Art. 1188). Il est à remarquer que, s'il y a faillite, la disposition que nous étudions ne s'appliquera que dans le cas exceptionnel où le créancier se serait abstenu de faire admettre la créance au passif de la faillite. S'il avait eu soin de le faire, il est bien clair que la caution ne pourrait se faire admettre à raison de son recours contre le débiteur ; car autrement la même dette figurerait deux fois au passif. En cas de déconfiture du débiteur, l'action de la caution tendra à obtenir un titre pour faire arrêt sur les biens restants du débiteur, afin qu'ils répondent du montant du cautionnement. Il va sans dire d'ailleurs que l'on ne peut exiger de la caution qu'elle attende, avant d'agir, une déconfiture complète du débiteur : il suffit pour la recevabilité de l'action que le débiteur dissipe sa fortune de manière à compromettre le recours de la caution.

88. Le troisième cas est celui où le débiteur s'est obligé envers la caution à lui rapporter sa décharge dans un certain temps.

Notre ancienne jurisprudence n'admit pas sans

hésitation que la caution pût, dans ce cas, agir contre le débiteur, lorsqu'il était question d'une rente perpétuelle. La stipulation d'intérêts n'étant permise autrefois que comme prix d'un capital aliéné et jamais exigible par le créancier, on craignait de violer la règle de la non-exigibilité du capital d'une rente en permettant à une caution de demander une décharge que le débiteur n'aurait souvent pu lui accorder qu'en remboursant le créancier. Dumoulin, Basnage et Pothier ont très-bien remarqué que cette considération n'avait pas de portée. De ce que le créancier ne pouvait exiger le remboursement d'une rente, il n'en résultait pas qu'une autre personne, comme la caution, ne pût l'exiger ; et si, dans certaines espèces, l'intervention d'une caution pouvait avoir pour but d'enfreindre la règle que l'on voulait protéger, ce n'était pas une raison pour fonder une nullité sur une présomption générale de fraude non écrite dans la loi.

89. Enfin le quatrième cas, qui se trouve le cinquième dans l'énumération de la loi, est celui où le cautionnement a duré dix années lorsque l'obligation principale n'a pas de terme fixe d'échéance et n'est pas de nature à pouvoir s'éteindre avant un temps déterminé. Le droit romain, sans établir à cet égard de délai fixe, permettait à la caution d'agir si le débiteur tardait longtemps

à s'acquitter envers le créancier, *si diu reus in solutione cessavit*. Cette disposition permettait aux juges d'apprécier d'après les circonstances si, au bout de tel délai, la caution avait droit à sa décharge. Nos anciens jurisconsultes jugèrent à propos de supprimer cette faculté d'appréciation en fixant un délai au bout duquel la caution pourrait agir contre le créancier. Mais ils ne s'entendaient pas sur la durée de ce délai: les uns tenaient pour deux ans, les autres pour dix, et, de part et d'autre, on argumentait de textes romains qui n'avaient aucun rapport avec notre hypothèse. Le législateur moderne a fixé le délai de dix ans, le plus communément suivi dans la pratique ancienne.

Nous avons dit déjà que l'expiration du délai de dix ans ne donnerait pas à la caution le droit d'agir contre le débiteur, si l'obligation de celui-ci était de nature à ne pouvoir pas s'éteindre avant une époque déterminée. Le législateur donne pour exemple le cas du cautionnement, peu usité chez nous, d'un tuteur. On peut ajouter ceux du cautionnement d'un mari pour la restitution de la dot de sa femme, d'un débiteur de rente viagère, d'un usufruitier, etc. Dans tous ces cas, en effet, la caution n'a pas pu compter sur sa libération avant la fin de la tutelle, la dissolution du mariage, la mort du créancier de la rente ou de l'usufruitier, le débiteur lui-même ne pouvant être libéré qu'à cette époque.

90. Ce n'est que dans les cas rigoureusement déterminés par l'art. 2032 que la caution peut agir préventivement contre le débiteur ; et la loi ne faisant pas de distinction, on accorde également ce droit à la caution qu'elle se soit engagée sur la demande ou à l'insu du débiteur. Mais on le lui refuse avec raison dans le cas qui, du reste, ne se présentera guère en pratique, où elle serait intervenue contre le gré du débiteur.

L'art. 2032 s'applique aussi à la caution solidaire comme à la caution pure et simple. La solidarité en effet n'a pour but que de rendre plus étroite l'obligation de la caution envers le créancier. Elle ne modifie pas directement les rapports de la caution avec le débiteur ; et, s'il fallait en tenir compte dans la disposition qui nous occupe, elle serait une circonstance qui rendrait plus nécessaire à la caution le moyen de prévenir des poursuites dont les conséquences seraient plus graves pour elle.

Enfin nous appliquerions également l'art. 2032 dans les cas où une personne serait engagée solidairement avec une autre, sans être à l'égard de celle-ci autre chose qu'une caution (Art. 1216 et 1431).

91. Lorsque l'obligation principale est garantie par plusieurs cautions, celle qui paie le créancier procure par là un avantage non-seulement au débiteur principal, mais encore aux autres cautions

responsables au même titre qu'elle de la solvabilité de celui-ci. Il est donc juste que la caution puisse pour son recours agir contre ses cofidéjusseurs aussi bien que contre le débiteur principal.

Le droit romain primitif n'admettait pas plus de recours entre les *sponsores* ou *fidepromissores* d'un même débiteur qu'entre les débiteurs solidaires d'une même obligation. Chacun des obligés ayant, pour son compte, contracté avec le créancier, on ne voyait dans le paiement fait par l'un d'eux que l'exécution de sa propre obligation. Uniquement préoccupée d'assurer le paiement du créancier, la législation ne tenait aucun compte de l'avantage que celui qui avait payé avait procuré à ses coobligés en les libérant de l'action du créancier. Ce fut pour suppléer à cette lacune que la loi *Apuleia* donna au *sponsor* ou *fidepromissor* qui avait payé l'action *pro socio* contre les autres (N° 13). Cette action ne fut pas admise entre *cofidejussores*; mais le bénéfice de cession d'actions en tint lieu (N° 19), à condition que le fidéjusseur eût soin de s'en prévaloir avant de payer le créancier. Autrement, il n'avait aucun recours à exercer contre ses cofidéjusseurs.

Notre ancienne jurisprudence s'affranchit de ces traditions du droit romain, et, bien que l'on ne connût pas alors la loi *Apuleia*, on vit dans l'avantage que la caution, en payant, procure à ces cofidéjusseurs, le principe d'une action utile de gestion d'affaires. On appliqua dans ce cas la règle suivie en droit romain à l'égard du tuteur à qui un paiement donnait droit contre les autres à une action utile *negotiorum gestorum* (Ulpien : fr. 1, § 10, *de tut. et rat. dist.*)

92. L'art. 2033 reproduit le principe de notre ancien droit. Il assigne pour condition au recours contre les cofidéjusseurs un paiement fait par la caution dans l'un des cas où, d'après l'art. 2032, elle a droit à sa libération.

En prenant ce texte à la lettre, il en résulterait deux conséquences que nous ne croyons pas devoir admettre sans restriction. D'abord il n'y aurait aucune action possible entre cofidéjusseurs avant un paiement fait par l'un d'eux, de sorte que l'une des cautions, poursuivie par le créancier, ne pourrait pas agir contre les autres pour les faire contribuer au paiement à effectuer. Cette conséquence serait bien rigoureuse, et l'on est d'autant plus porté à ne la point admettre qu'elle serait contraire à la doctrine de Pothier dont le législateur s'est inspiré (*Traité des oblig.*, n°446). Selon ce jurisconsulte, la caution poursuivie par le créancier peut exiger de ses cofidéjusseurs qu'ils fournissent chacun leur part de la somme demandée ; et, faute par eux de le faire, ils seraient tenus des frais faits depuis que les poursuites leur au-

raient été dénoncés. Cette solution est bien préfé-
rable à celle qui résulterait du texte étroitement
entendu de l'art. 2033; et M. Troplong, qui la
repousse, donne le meilleur argument en sa faveur en avouant qu'elle est pleine d'équité (*Tr. du
cautionn.*, n° 424).

Pothier fait remarquer avec raison qu'il faut
laisser ce droit à la caution alors même qu'elle
serait privée du bénéfice de division, dont l'ex-
clusion n'a lieu en effet qu'au profit du créancier.
Ce n'est même guère que dans ce cas qu'il est
utile à la caution d'agir contre ses cofidéjusseurs.

93. La seconde conséquence que l'on tirerait du
texte de l'art. 2033 entendu littéralement, c'est
que la caution aurait un recours contre ses cofidéjusseurs dès qu'elle aurait payé dans l'un des
cas de l'art. 2032. Or, il serait difficile d'admettre, par exemple, qu'une caution à qui le débiteur
aurait, à l'insu des autres, promis sa libération au
bout d'un certain temps, puisse, au bout de ce
temps, se procurer, en payant le créancier, un
recours immédiat contre ses cofidéjusseurs. L'é-
quité demanderait en pareil cas que ce recours
fût différé jusqu'à l'époque où le créancier lui-même aurait pu attaquer les autres cautions. Ce n'est
qu'à ce moment que le paiement fait par l'une
des cautions procurerait aux autres un avantage
pouvant servir de fondement à un recours.

94. Voyons à présent contre qui s'exerce le recours de la caution. Il est à remarquer que l'art. 2033 ne fait aucune distinction tirée de la date des cautionnements ; de sorte que la caution qui a payé peut agir contre ceux mêmes de ses cofidéjusseurs qui ne se seraient engagés qu'après elle. Cette solution se justifie soit que l'on considère le recours de la caution comme fondée sur une gestion d'affaires, ou comme résultant de la subrogation. Le paiement en effet a libéré toutes les cautions envers le créancier quelle que soit l'époque de leur engagement ; et la subrogation, comme nous l'avons déjà dit (No 84), a lieu même à l'égard des garanties acquises après l'intervention du fidéjusseur qui a payé.

95. La question du recours peut paraître quelquefois embarrassante lorsque l'obligation principale est garantie tout à la fois par un cautionnement et par une hypothèque établie sur l'immeuble d'un propriétaire personnellement étranger à la dette. On admet, par une interprétation favorable de l'art. 1251-3° que le détenteur d'un immeuble hypothéqué qui désintéresse le créancier jouit du bénéfice de la subrogation légale. Ce principe admis, si, dans l'hypothèse que nous prévoyons, le créancier se fait payer par le tiers détenteur, celui-ci est subrogé contre la caution, et si c'est la caution qui paie, elle est subrogée contre le tiers détenteur, de sorte qu'en appliquant sans discernement le principe de la subrogation, on s'enfermerait dans un cercle vicieux. Pour sortir de la difficulté, il faut examiner sur qui, de la caution ou du tiers détenteur, doit retomber en définitive le fardeau d'un paiement sans recours contre l'autre ou, en d'autres termes, lequel des deux est dans la position la moins favorable.

La question ainsi posée appelle une distinction. Le tiers détenteur peut en effet se trouver dans deux positions bien différentes. Il est l'acquéreur d'un bien hypothéqué par une personne obligée à la dette; ou bien il a consenti, lui ou son auteur, à hypothéquer sa propriété à la dette d'autrui.

Dans la première hypothèse, si l'acquéreur d'un bien hypothéqué par le débiteur paie le créancier pour empêcher la vente du fonds, nous n'hésitons pas à lui refuser tout recours contre la caution. Car il pouvait prévenir l'action du créancier en purgeant l'hypothèque qui grevait le bien acquis, et, s'il ne l'a pas fait, le paiement qu'il a effectué pour désintéresser le créancier n'a été qu'un moyen de consolider une propriété mal assise dans sa main par sa propre faute. Il peut prétendre, il est vrai, qu'en payant le créancier, il a, par là même, rendu un service à la caution; mais ce paiement n'était que facultatif de sa part, et d'ailleurs le service qu'il invoquerait comme base d'un recours contre la caution existerait également dans le cas où il aurait rempli les formalités de la purge, cas auquel il n'aurait cependant rien à réclamer contre la caution.

Si c'était, au contraire, la caution qui eût acquitté la dette, elle pourrait, en vertu de la subrogation, agir hypothécairement sur l'immeuble du débiteur acquis par un tiers, comme si cet immeuble fût resté dans la main du débiteur personnel. Celui-ci, en effet, ne peut pas plus à l'égard de la caution qu'à l'égard du créancier, détruire par son fait les garanties auxquelles il a consenti à leur profit ; et le détenteur ne peut encore imputer qu'à sa propre négligence les résultats fâcheux d'une hypothèque qu'il n'a pas purgée.

Examinons à présent la seconde hypothèse, et plaçons la caution en face d'un tiers qui, tout en voulant rester personnellement étranger à la dette, a consenti à une hypothèque sur son immeuble. Ici, à la différence de l'hypothèse précédente, c'est sur la caution et non sur le tiers détenteur que devra retomber le fardeau de la dette. Si c'est la première qui a payé, elle n'aura aucun recours, et, si c'est le second, il aura un recours pour le tout contre la caution, à moins, bien entendu, qu'ils n'aient fait quelque autre convention relativement au recours. Cette solution a été admise par la plupart des jurisconsultes qui ont traité la question. Ils ont vu avec raison dans l'acte de celui qui ne fait qu'hypothéquer son bien sans s'obliger personnellement, l'intention de ne rester sans recours après l'exercice de l'action hypothécaire qu'en cas d'insolvabilité de tout débiteur personnel. Il y a dans cet acte quelque chose de plus accessoire encore que dans le cautionnement; et de même qu'à l'égard du débiteur qui hypothèque ses biens, l'hypothèque est l'accessoire de la dette, de même on peut voir dans l'hypothèque consentie par un tiers un accessoire de l'engagement personnel même de la caution.

M. Ponsot (*Tr. du cautionn.*, n°s 285 et suiv) a imaginé un système d'après lequel celui de la caution ou du tiers détenteur qui a payé aurait également droit à un recours contre l'autre, de sorte qu'ils contribueraient entre eux par portions égales, sauf au détenteur de l'immeuble hypothéqué à se dispenser de cette contribution en abandonnant son immeuble. L'auteur de ce système cherche à l'appuyer sur une assimilation entre l'engagement d'une caution et l'affectation hypothécaire d'un immeuble à une dette; il n'y aurait pas de raison, selon lui, pour qu'une caution *réelle* fût traitée plus favorablement dans son recours qu'une caution *personnelle*. Si cette idée était admissible, il en résulterait une singulière con-

séquence pour le cas où une personne se porterait caution et en même temps hypothéquerait son
immeuble : elle devrait à l'égard des autres cautions supporter deux parts de la dette, l'une
comme *caution personnelle* et l'autre comme dé-
tentrice d'un immeuble, *caution réelle*.

96. L'art. 2033 établit que le recours de la
caution contre ses cofidéjusseurs ne peut s'exercer, vis-à-vis de chacun d'eux, que pour sa part et
portion. C'est une disposition analogue à celle de
l'art. 1214 relativement aux codébiteurs solidaires, et à celle de l'art. 875 à l'égard du cohéritier
ou successeur à titre universel qui a, par l'effet
d'une hypothèque, payé au-delà de sa part d'une
dette commune. La loi ajoute expressément dans
ce dernier article que le cohéritier ne pourrait
pas se procurer le bénéfice d'un recours plus
étendu contre ses cohéritiers en se faisant subroger aux droits du créancier. Malgré l'analogie
que présente cette hypothèse avec celles des articles 1214 et 2033, Toullier (*Droit civil*, t. VII,
n° 163) a soutenu que le codébiteur solidaire ou le
cofidéjusseur qui, ne se contentant pas de la subrogation légale, se ferait de plus subroger con-
ventionnellement par le créancier, serait dispensé
par là de diviser son action en recours contre ses
coobligés. Cette opinion est repoussée avec raison par la plupart des jurisconsultes. La loi, en

établissant une subrogation de plein droit et un recours divisé au profit du codébiteur solidaire et du cofidéjusseur, leur a précisément accordé tout l'avantage qui pouvait résulter pour eux d'une subrogation expresse et conventionnelle. Or, Renusson (*Tr. de la subrog.*, ch. 8, n° 1), et Pothier (*Tr. des oblig.*, n° 281) avaient très-bien fait observer que la subrogation consentie par le créancier (on ne connaissait pas alors la subrogation légale) ne pouvait aboutir qu'à un recours divisé contre les codébiteurs solidaires ou les cofidéjusseurs. Leur doctrine avait fixé la jurisprudence de plusieurs parlements, notamment de celui de Paris ; et elle est d'autant moins contestable aujourd'hui que le titre du cautionnement est l'un de ceux où le législateur moderne n'a guère fait autre chose que de donner force de loi aux solutions de Pothier.

—

CHAPITRE VI.

DE L'EXTINCTION DU CAUTIONNEMENT

97. L'obligation qui résulte du cautionnement s'éteint, d'après les termes de l'art. 2034, par les mêmes causes que les autres obligations ; et de plus, en sa qualité d'accessoire, elle s'éteint néces-

sairement avec l'obligation principale. Nous con-
sidérerons donc successivement dans ce chapitre
les divers modes d'extinction des obligations en
tant que s'appliquant soit à l'obligation principale, soit au cautionnement seul. En outre, nous
étudierons deux autres cas d'extinction particu-
liers au cautionnement.

98. Le *paiement*, mode principal d'extinction
de toute obligation, éteint également l'action du
créancier contre le débiteur et contre la caution,
sans qu'il y ait lieu de distinguer par lequel des
deux il a été fait. Mais cette distinction est importante quant aux rapports du débiteur et de la
caution. Si c'est le débiteur qui paie de ses deniers, il libère la caution en même temps qu'il se
libère lui-même ; et si c'est la caution, elle se
trouve subrogée aux droits du créancier contre le
débiteur, de sorte que celui-ci n'a fait que changer
de créancier.

Il peut arriver aussi que le paiement soit fait
par une personne étrangère à la dette (Art. 1236),
ou bien avec les deniers empruntés à un tiers par
l'un des obligés. Dans le premier cas, le créancier
peut subroger celui qui le paie ; dans le second,
le débiteur peut accorder le même avantage au
prêteur de deniers (Art. 1250) ; et dans l'un et
l'autre cas, la subrogation produira ses effets non-
seulement contre le débiteur principal, mais en-

-core contre ses cautions (Art. 1252). Cette dernière disposition fait cesser les divergences qui s'étaient élevées dans notre ancien droit sur les effets de la subrogation émanée du débiteur seul. Ce mode de subrogation était autorisé par une ordonnance de 1609, dite *des Subrogations*. Mais on se demandait si la subrogation produisait alors ses effets, comme quand elle était consentie par le créancier, non-seulement à l'égard du débiteur, mais encore à l'égard des cautions. Cette question fut résolue négativement par un arrêt de règlement rendu en 1666 par le parlement de Rouen. L'art. 132 porte que : « L'obligation du plège (de la caution) est éteinte quand la dette a été payée par le principal obligé, lequel néanmoins peut subroger celui qui a baillé les deniers pour acquitter la dette, à l'hypothèque d'icelle sur ses biens seulement, et non sur ceux du plège. » Le parlement de Paris, au contraire, après avoir longtemps suivi cette jurisprudence, s'en écarta par un arrêt de règlement du 6 juillet 1690, qui établit que le débiteur pouvait subroger le prêteur de deniers non-seulement contre lui-même, mais encore contre les autres débiteurs ou cautions. C'est cette dernière solution qui a prévalu dans l'art. 1252 du Code Napoléon. Mais le législateur, pour empêcher des fraudes du débiteur envers ses coobligés, a imposé à la subrogation des conditions qui garantissent la sincérité de l'acte. Il a voulu que l'emprunt et la quittance fussent passés devant notaires, et qu'il fût déclaré, dans l'acte d'emprunt, que la somme a été empruntée pour faire le paiement, et, dans la quittance, que ce sont en effet les deniers empruntés qui ont servi à cet usage (Art. 1250-2°). Sans ces formalités, il serait à craindre qu'un débiteur, voulant se procurer du crédit, ne déguisât sous la forme d'un emprunt destiné à payer un précédent créancier, un acte par lequel il contracterait une nouvelle dette, et ne retînt par cette fraude dans les liens d'un nouveau cautionnement les personnes qui auraient accédé à la première obligation.

Si une caution prétendait que les conditions exigées par la loi pour une subrogation qui doit produire ses effets contre elle, n'ont qu'une existence apparente, il lui serait permis, selon les principes ordinaires, de prouver par tous moyens possibles la fraude dont on voudrait la rendre victime. Ainsi elle pourrait établir que la subrogation consentie par le créancier ne l'a été que postérieurement au paiement, ou bien, en cas de subrogation par le débiteur, que l'acte d'emprunt et la quittance authentique n'ont été passés qu'après l'emprunt fait ou le paiement effectué.

99. L'intérêt de la caution peut se trouver en jeu dans l'imputation des paiements faits par le

débiteur. Lorsqu'une personne a plusieurs dettes envers le même créancier, elle a droit de déclarer, lorsqu'elle paie, quelle dette elle entend acquitter (Art. 1253); et, si la quittance ne porte aucune imputation, le paiement doit être imputé sur la dette que le débiteur avait pour lors le plus d'intérêt à acquitter entre celles qui sont pareillement échues (Art. 1256). Le cautionnement est l'une des circonstances dont il faut tenir compte pour déterminer l'imputation tacite. Une dette cautionnée est en effet une dette plus onéreuse qu'une dette qui ne l'est pas : elle expose le débiteur à un recours par lequel la caution viendra réclamer non-seulement le paiement par elle fait au créancier, mais encore des frais de poursuites et des dommages-intérêts.

Une autre règle relative à l'imputation, c'est qu'un débiteur ne peut, sans le consentement du créancier, la diriger sur le capital par préférence aux intérêts ou arrérages (Art. 1254). On applique avec raison cette règle à l'égard d'une caution obligée seulement pour le capital. Si, par exemple, le créancier avait reçu du débiteur un à-compte représentant le montant des intérêts, il pourrait ensuite poursuivre la caution pour tout le capital. Par la même raison, si le débiteur ne peut acquitter toute la dette, capital et intérêts, ce qu'il pourra payer s'imputera d'abord sur les intérêts, et toute la partie non payée du capital restera à la charge de la caution. Ces conséquences résultent de l'intention présumable des parties : il est probable en effet qu'une caution en limitant sa responsabilité au capital de la dette, n'entend pas pour cela que le créancier renonce à l'avantage d'une imputation écrite dans la loi.

Une question plus délicate se présente quand la caution ne s'est engagée que jusqu'à concurrence d'une partie de la dette. Un paiement partial fait par le débiteur devra-t-il alors s'imputer sur la partie cautionnée ou sur celle qui ne l'est pas? Si, par exemple, la caution a répondu pour moitié de la dette, et que le débiteur ne puisse payer précisément que la moitié de son passif, son insolvabilité retombera-t-elle sur le créancier ou sur la caution? Pour notre ancien droit, on peut citer un arrêt rendu le 3 août 1709, par la seconde chambre des enquêtes de Paris, et rapporté par Brillon (*Dictionn. des arrêts*, v° *Caution*, n° 353). La question y est résolue en faveur de la caution. L'opinion contraire a prévalu aujourd'hui dans la jurisprudence et la doctrine. Nous pensons qu'il ne faut appliquer ni l'un ni l'autre de ces systèmes extrêmes, et, que, pour concilier les droits du créancier avec ceux de la caution, il faut imputer le paiement partiel fait par le débiteur sur les deux portions de la dette, l'une cautionnée, l'autre non cautionnée, et proportionnellement au montant de ces deux sommes. L'intention des parties ne semble-t-elle pas être en effet que l'insolvabilité du débiteur se partage entre le créancier et la caution? Si cette insolvabilité était complète, elle retomberait sur la caution et sur le créancier proportionnellement au montant des deux parties de la dette. Pourquoi ne pas admettre un résultat analogue en cas d'insolvabilité partielle? On dit, dans le sens de la jurisprudence actuelle, que le créancier a entendu se faire garantir jusqu'à concurrence de la partie cautionnée de toute insolvabilité. On pourrait dire avec autant de raison en faveur de la caution, qu'elle a entendu ne rien débourser du moment où le créancier aurait reçu son paiement jusqu'à concurrence de la partie cautionnée de la dette. S'il fallait choisir entre ces deux prétentions opposées, la seconde aurait du moins l'avantage de pouvoir invoquer ce principe que, dans le doute sur l'étendue d'une obligation, il faut admettre l'interprétation la plus favorable au débiteur. Mais nous pensons que ni l'une ni l'autre ne doivent être acceptées, et que, si aucune circonstance n'indique clairement l'intention des parties sur l'étendue de la fidéjussion partielle, la logique et l'équité commandent également une imputation proportionnelle du paiement fait par le débiteur.

F

100. La *novation* opérée à l'égard du débiteur principal libère la caution (Art. 1281, al 2). Pour que la novation et les effets qui en dépendent se produisent, il faut que la nouvelle obligation soit valable; et, si celle-ci était nulle ou rescindée, la première revivrait avec le cautionnement qui la garantissait, sauf, le cas échéant, à appliquer, en faveur de la caution, l'art. 2037 dont nous parlerons plus loin.

La novation peut aussi s'appliquer directement au cautionnement, par exemple si la caution s'engageait, en cas d'inexécution de l'obligation de la part du débiteur principal, à livrer tel objet ou à faire telle chose. Il n'y aurait plus alors entre les deux engagements cette identité d'objets qui est de l'essence du cautionnement, contrat accessoire.

Si une novation de la dette principale était convenue entre le créancier et la caution, le débiteur pourrait s'en prévaloir, s'il la trouvait avantageuse.

101. La *remise* ou décharge conventionnelle faite par le créancier au débiteur libère les cautions aussi bien qee celui-ci, et cela par la même raison qui fait produire cet effet au paiement effectué par le débiteur : l'accessoire suit le sort du principal (Art. 1287).

Ce principe ne s'applique pas à la remise consentie par concordat au débiteur en faillite. C'est ce que décidait autrefois Pothier et ce que la loi de 1838 (C. comm., art. 545) a établi en ces termes : « Nonobstant le concordat, les créanciers conservent leur action pour la totalité de leur créance contre les coobligés des faillis. » Le concordat en effet ne présente nullement le caractère de libéralité de la remise proprement dite. C'est dans leur propre intérêt que les créanciers y consentent; et il est la suite d'une insolvabilité dont l'effet retombe naturellement sur les cautions.

Le débiteur principal pourrait stipuler du créancier la remise du cautionnement ; l'intérêt qu'il a de prévenir le recours de la caution dont il est garant suffit pour la validité d'une telle stipulation.

La remise faite par le créancier à la caution peut s'appliquer aussi soit au cautionnement seul, ce qui est le cas le plus ordinaire, soit à l'obligation principale. Il n'est pas douteux, en effet, que dans ce dernier cas le débiteur principal ne puisse profiter d'une remise faite à la caution qui est son mandataire à l'effet d'éteindre l'obligation et qui, de plus, est intéressée à cette extinction.

La remise du cautionnement peut être consentie par le créancier, moyennant un prix payé par la caution. L'art. 1288 décide que ce que le créancier reçoit ainsi d'une caution doit être imputé sur la dette et tourner à la décharge du débiteur principal et des autres cautions.

162. La caution peut opposer la *compensation* qui s'opère entre le débiteur principal et le créancier ; mais le débiteur principal ne peut opposer la compensation de ce que le créancier doit à la caution (Art. 1294). La première de ces dispositions doit s'appliquer même à la caution solidaire, malgré un arrêt rendu en sens contraire par la cour de Colmar le 16 juin 1821 : la privation du bénéfice de discussion ne fait pas perdre au cautionnement son caractère essentiellement accessoire. Si le débiteur renonce à se prévaloir de la compensation, cette renonciation ne préjudiciera pas à la caution, qui pourra toujours invoquer contre le créancier la compensation opérée en la personne du débiteur. Mais il faudrait appliquer par analogie au cautionnement l'article 1299, qui permet à celui qui a payé une dette, ignorant pour juste cause qu'il était lui-même créancier, d'user, même au préjudice des tiers, des priviléges et hypothèques qui garantissaient sa créance.

Lorsque le créancier devient débiteur de la caution, la compensation n'éteint la dette qu'autant qu'elle est invoquée par la caution, qui a alors son recours contre le débiteur comme si elle eût payé la dette.

105. La *confusion* qui s'opère quand le débiteur succède au créancier ou réciproquement, a pour effet d'éteindre le cautionnement en même temps que l'obligation principale (Art. 1301).

Si la confusion venait à cesser, le cautionnement ne renaîtrait avec l'obligation principale qu'autant que celle-ci viendrait à revivre par une cause inhérente à l'acte qui a produit la confusion. Si, par exemple, un créancier achète les droits successifs de l'héritier de son débiteur, et que cet héritier se fasse restituer comme mineur contre la vente, la confusion des qualités de créancier et de débiteur venant à cesser par la suppression même de l'acte dont elle résultait, le cautionnement revivrait avec l'obligation que le débiteur avait transmise à ses héritiers; sauf pour ce cas l'application d'un principe que nous étudierons plus loin (N° 115).

Le même effet se produirait si c'était le débiteur cautionné qui eût acheté la succession de son créancier et que l'héritier de celui-ci se fît restituer contre la vente qu'il aurait consentie en état de minorité. L'ex-acquéreur reprendrait la qualité de débiteur. Mais ici la caution de l'obligation qui renaît ne pourrait pas se prétendre libérée par le fait de l'ex-vendeur, qui ne doit souffrir aucune conséquence de l'acte contre lequel il s'est fait restituer.

Si nous supposons au contraire que le créancier, devenu héritier de son débiteur, vende à un
tiers ses droits successifs, cet acte ne fera pas revivre le cautionnement avec la créance contre le
vendeur, parce qu'il ne détruit pas dans son principe ce qui avait opéré la confusion, c'est-à-dire la
transmission héréditaire, mais ne fait qu'en mo-
difier les résultats à l'égard des parties contrac-
tantes.

Lorsque le créancier hérite de la caution ou
réciproquement, le cautionnement seul s'éteint
par confusion, et le débiteur principal reste seul
tenu ; mais il ne l'est pas plus rigoureusement.
Ainsi, le créancier qui a hérité de la caution ne
pourrait pas, divisant en quelque sorte sa personne, prétendre qu'en lui la caution a payé le
créancier, de manière à faire courir de plein droit
des intérêts contre le débiteur.

Le cautionnement s'éteint également seul par
la confusion qui s'opère entre les personnes du
débiteur et de la caution. Les jurisconsultes romains admettaient que dans ce cas le *fidejussor
fidejussoris* était libéré ; l'art. 2035 du C. Nap.
établit le principe contraire.

104. *La perte de la chose due* (Art. 1302), lorsqu'elle est l'effet d'un cas fortuit et qu'il n'y a pas
mise en demeure, libère à la fois le débiteur et la
caution. Si elle est le résultat de la faute du débi-

teur ou que ce débiteur soit en demeure, l'obligation primitive se transforme en une dette de dommages-intérêts qui donne action au créancier tant contre le débiteur principal que contre la caution, mais, contre cette dernière, jusqu'à concurrence seulement de la valeur de la chose due. Nous appliquons ici le même principe qu'entre codébiteurs solidaires (Art. 1205). Si la caution seule avait été mise en demeure, la responsabilité du cas fortuit ne pèserait que sur elle, et cesserait même si la caution pouvait invoquer le bénéfice de discussion. La caution serait aussi seule responsable de la perte arrivée par sa faute.

105. La *rescision* s'applique au cautionnement dans les mêmes cas et d'après les mêmes règles qu'aux autres contrats. Lorsque l'obligation principale est rescindée, la condition de celui qui l'a garantie se règle d'après les principes que nous avons exposés au chapitre III (N° 28 et 29).

106. La *pr.scription* de la dette peut être invoquée par la caution alors même que le débiteur principal y renoncerait (Art. 2225). Elle est interrompue même à l'égard de la caution par l'interpellation judiciaire faite au débiteur principal ou la reconnaissance de la dette faite par celui-ci. (Art. 2250). Les poursuites dirigées contre la caution seule ou la reconnaissance faite par elle n'interrompraient pas la prescription à l'égard du dé-

biteur : et, comme la caution peut opposer toutes les exceptions réelles qui appartiennent au débiteur principal (:036), elle pourrait invoquer contre le créancier la prescription qu'il aurait laissé s'accomplir au profit du débiteur, quoiqu'il eût agi contre elle.

107. A côté des modes d'extinction proprement dits des obligations, se trouvent certains actes qui, sans avoir précisément ce caractère, produisent cependant un effet analogue à cause de la présomption de vérité que la loi y attache. Ce sont le *serment* et la *chose jugée,* qui peuvent d'ailleurs avoir trait soit à l'extinction d'une obligation qui a existé, soit au fait même de l'existence contestée d'une obligation.

Le serment par lequel le débiteur ou la caution affirmerait, sur la délation du créancier, que la dette est éteinte, profiterait à celui même qui ne l'aurait pas prêté (Art. 1365). Il en serait de même si le serment portait sur l'existence même de la dette. Si le serment a été prêté par le prétendu débiteur principal, le créancier ne pourra plus attaquer personne comme caution. Autrement celui qui l'aurait payé à ce titre aurait contre le débiteur un recours qui détruirait l'effet du serment prêté par une personne qui a juré ne rien devoir ; ou bien, si l'on ne donnait pas de recours à la caution, on la mettrait dans la nécessité de payer au créancier ce que celui-ci l'aurait mis dans l'impossibilité légale de réclamer du débiteur. Le serment a-t-il au contraire été prêté par une prétendue caution, celui que le créancier attaquerait ensuite comme débiteur principal pourrait encore s'en prévaloir ; et ce serait en vain que le créancier dirait que la caution, en jurant que la dette principale n'existait pas, a repoussé par là même une qualité qui était le titre auquel elle aurait représenté le débiteur. Car le créancier, en lui déférant le serment, lui a précisément supposé cette qualité, et déclarer que le serment libère le débiteur, c'est lui donner un effet que le créancier a dû prévoir.

Le refus de serment de la part du débiteur ou de la caution ne nuirait pas à l'autre. Ils ne se représentent pas dans les actes qui tendent à faire déclarer l'existence ou la non-extinction de la dette, comme dans ceux qui ont pour but de la faire déclarer non existente ou éteinte.

Si c'est le débiteur ou la caution qui défèrent le serment au créancier et que celui-ci ne veuille ni le prêter ni le référer, l'inexistence ou l'extinction de la dette sera déclarée au profit de l'un et de l'autre. Mais si le créancier jure que la dette existe, son serment ne nuira qu'à celui qui l'a déféré.

Le serment peut être déféré entre la caution et

le créancier sur le fait seul du cautionnement ; dans ce cas, il n'intéresse pas directement le débiteur principal.

108. Il en serait de même d'un jugement entre la caution et le créancier, qui n'aurait trait qu'à la fidéjussion elle-même. Si au contraire le jugement porte sur l'obligation principale et qu'il condamne le créancier, il profitera également au débiteur et à la caution, lequel que se soit qui l'ait fait rendre. Mais s'il est rendu en faveur du créancier, celui-ci ne pourra s'en prévaloir que contre celui qu'il a fait condamner.

109. Les causes spéciales d'extinction du cautionnement tiennent à cette idée que le cautionnement a pour but de garantir le créancier contre l'insolvabilité du débiteur et non contre sa propre négligence. Une caution doit donc être libérée lorsque, si elle restait tenue, sa position serait aggravée par le fait du créancier. Ce mode de libération se présente dans deux cas. Le premier est celui où la subrogation aux droits, hypothèques et priviléges du créancier ne peut plus, par le fait de ce créancier, s'opérer en faveur de la caution (Art. 2037). Cette disposition a donné lieu à plusieurs difficultés.

On s'est demandé d'abord si la caution peut s'en prévaloir alors même qu'elle s'est engagée solidairement ou qu'elle a renoncé au bénéfice de discussion. Nous n'hésitons pas à adopter la solution affirmative, bien que M. Troplong ne conçoive pas qu'elle ait trouvé des partisans (*Tr. du caut.*, n° 560). D'après le savant magistrat, la disposition de l'art. 2037 serait une conséquence du bénéfice de discussion, et n'aurait plus de raison d'être du moment où ce bénéfice n'existe pas. Pour appuyer cette idée, M. Troplong entre dans de longs développements historiques que l'on peut résumer en quelques mots. Avant que Justinien n'eût introduit le bénéfice de discussion, les jurisconsultes n'exigeaient pas du créancier la conservation des garanties ; il lui suffisait de céder ses actions telles qu'il les avait quand la caution lui opposait le bénéfice de cession d'actions. Mais, le bénéfice de discussion une fois admis, on pût, comme le firent nos anciens auteurs, appliquer au cautionnement la doctrine exposée par Papinien (Fr. 95, § 11, *de salut.*), d'après laquelle le *mandator pecuniæ credendæ* est déchargé de toute responsabilité enve s le mandataire prêteur qui n'a pas conservé ses actions contre l'emprunteur.

Il résulte de là tout simplement qu'il peut y avoir quelque relation historique entre l'intioduction du bénéfice de discussion et l'origine de l'art. 2037. Mais, pour faire dépendre l'application de cet article de l'existence du bénéfice de discussion, il ne suffit pas d'établir entre eux un

rapprochement historique. Il faudrait que l'art.
2037 n'eût logiquement de raison d'être que dans
le bénéfice de discussion, ou, en d'autres termes,
que l'obligation imposée au créancier de conserver
ses actions eût pour u ique but d'assurer une
utile discussion du débiteur. Or la conservation des
actions du créancier n'est pas moins utile pour le
recours de la caution que pour la discussion du
principal obligé. Aussi Pothier envisageait-il la
décharge de la caution qui ne peut plus être subrogée aux droits du créancier comme une conséquence de l'exception *cedendarum actionum*,
et accordait-il cette décharge non-seulement à la
caution simple, mais encore à la caution solidaire
et même au codébiteur solidaire. Le Code a reproduit la doctrine de ce grand jurisconsulte en faisant résulter la décharge du fidéjusseur de l'impossibilité de la subrogation, laquelle a lieu au
profit de la caution solidaire comme au profit de
la caution simple. M. Troplong reproche aux partisans de la doctrine que nous soutenons (M. Duranton : t 18, n° 582; M. Ponsot : *Tr. du caut.*
n° 329) de s'en tenir littéralement au texte de la
loi. Or, si son opinion fait violence au texte de
l'art 2037, c'est précisément qu'elle est contraire
à l'intention du législateur. En effet, la raison
pour laquelle la loi décharge la caution qui, par
le fait du créancier, ne peut plus être subrogée,

est que la caution, en s'engageant, a compté sur les garanties dont la subrogation devait lui conférer l'avantage. Or cette intention cesse-t-elle d'exister quand la caution renonce au bénéfice de discussion ? N'est-il pas à croire, au contraire, qu'une caution, en s'engageant d'une manière plus étroite envers le créancier, a attaché plus d'importance aux sûretés qui étaient sa seule ressource ?

116. La Cour de cassation a admis, par plusieurs arrêts, que l'art. 2037 s'applique aussi bien lorsque le créancier perd ses actions par sa faute ou sa négligence que quand il les perd par un fait positif, par exemple quand il laisse une hypothèque s'éteindre par prescription aussi bien que quand il en permet la radiation. Cette doctrine est une conséquence du principe général dont l'art. 2037 n'est qu'une application, et d'après lequel chacun est responsable du dommage qu'il a causé non-seulement par son fait, mais encore par sa négligence ou son imprudence (Art. 1383). Pothier avait donné une solution contraire à cette question ; mais nous avons déjà vu le droit moderne s'écarter des doctrines de ce jurisconsulte relativement à la vigilance commandée au créancier pour conserver ses droits contre le débiteur principal (N° 48) (1).

(1) La Cour de cassation a consacré, par un même arrêt du 22 févr. 1857, les deux solutions données dans ce N° et dans le précédent (V *Le Droit* du 9 mai 1857).

111. Plusieurs jurisconsultes ont autrefois enseigné que la perte par le fait du créancier de garanties acquises postérieurement au cautionnement n'entraînerait pas de décharge au profit de la caution. C'était là une conséquence de la doctrine de Dumoulin, qui ne comprenait dans la subrogation que les garanties existant au jour du cautionnement (N° 84). La solution contraire résulte aujourd'hui des effets plus étendus donnés à la subrogation par l'art 2029.

112 Si la perte des actions du créancier n'é.ait que partielle, la décharge de la caution n'aurait lieu que dans la même proportion. L'indemnité ne saurait excéder le dommage à réparer.

113. Nous arrivons au second cas où l'extinction du cau ionnement résulte d'un fait imputable au créancier. Il se présente lorsqu'un acte du créancier a pour résultat de créer une situation telle que le fidéjusseur, croyant à l'extinction de l'obligation principale, ne songe plus à surveiller la solvabilité du débiteur. L'hypothèse où cette situation peut se rencontrer le plus souvent est celle qu'a prévue l'art. 2038, et où le créancier a accepté, à titre de paiement, un bien dont il est ensuite évincé. Le législateur décide, conformément à la doctrine de Pothier, que le créancier ne peut plus alors poursuivre contre la caution l'ancienne créance qui renaît ou plutôt

qui ne s'était éteinte qu'en apparence. Permettre, en effet, au créancier d'agir contre la caution. ce serait rendre celle-ci victime d'une erreur où l'a mise le fait du créancier. L'analogie conduit à admettre de même la décharge de la caution toutes les fois que, par le fait du créancier, elle a dû croire à l'extinction de la dette.

Le créancier, en recevant un objet en paiement pourrait, pour le cas d'éviction, réserver son action contre le fidéjusseur. Pour que cette réserve fût efficace, il faudrait qu'elle fût signifiée à la caution : faite à son insu, elle ne l'empêcherait pas d'être induite en erreur.

114. La caution ne serait pas déchargée par une simple prorogation de terme accordée par le créancier au débiteur. La caution peut alors, sans tenir compte de cet acte qui lui est étranger, poursuivre le débiteur pour le forcer au paiement (Art. 2039). A plus forte raison, le créancier ne perdrait-il pas ses droits contre la caution pour avoir différé de poursuivre le débiteur sans que ce retard fût l'effet d'une promesse faite à celui-ci. La caution peut se garantir en exerçant l'action préventive de l'art. 2032 ; et la loi d'ailleurs ne fait peser sur le créancier la responsabilité de sa lenteur dans les poursuites contre le débiteur que quand la caution lui a avancé les frais de discussion (Art. 2024).

—

APPENDICE.

DE L'OBLIGATION DE FOURNIR CAUTION.

115. Le titre du Code Napoléon consacré au cautionnement comprend quelques articles qui ne se rapportent pas directement à la théorie de ce contrat, mais dont l'étude doit compléter l'explication du titre. Ce sont les art. 2018, 2019, 2020, 2040, 2041, relatifs à l'obligation de fournir caution.

Cette obligation peut résulter d'une convention, d'un jugement ou d'une loi.

Dans le premier cas, la présentation d'une caution est ordinairement la condition que met une personne pour traiter avec une autre, par exemple pour lui prêter de l'argent.

Dans le second cas, l'obligation de fournir caution est une compensation à un avantage que le juge accorde, et qui pourrait, sans cette compensation, compromettre les intérêts d'une autre personne. Ainsi un tribunal, en permettant à une partie d'exécuter provisoirement et nonobstant appel le jugement qu'elle obtient, y met souvent

la condition que cette partie fournira caution à
son adversaire.

Enfin, il existe dans nos lois plusieurs dispositions éparses établissant que , dans certaines circonstances, telles personnes devront donner caution à telles autres qui ont un intérêt opposé.
Ainsi , l'étranger qui ne possède pas en France de
biens suffisants pour répondre des suites du procès, doit caution au Français qu'il attaque en jus-
tice pour une affaire non commerciale (C. N.
art. 16). De même, les héritiers présomptifs d'une
personne déclarée absente ne peuvent se faire
envoyer en possession provisoire des biens de
cette personne qu'à la charge de donner caution
pour la sûreté de leur administration (Art. 120).
L'usufruitier doit, en général , donner caution au
nu-propriétaire (Art. 601). L'héritier bénéficiaire
est tenu, si les créanciers et autres personnes in-
téressées l'exigent, de donner caution des valeurs
provenant de la succession qui restent dans ses
mains (Art. 807). Le créancier hypothécaire qui
veut surenchérir un immeuble hypothéqué dont
on lui a notifié la vente, doit donner caution d'en
faire porter la valeur à un dixième en sus du prix
dénoncé (Art 2185) ; etc.

116. Dans tous les cas où existe l'obligation de
fournir caution, et que cette obligation dérive
d'une convention, d'un jugement ou d'une loi

(Art. 2040) ; la caution à présenter doit réunir certaines conditions réglées par les art. 2018 et 2019.

Ces conditions se rapportent à la capacité, au domicile et à la solvabilité.

L'existence de la première de ces conditions se détermine uniquement par les principes du droit commun. La capacité est devenue la même pour le cautionnement que pour tout autre contrat depuis l'abrogation du sénatus-consulte Velléien (n° 17).

117. Le domicile de la caution doit être dans le ressort de la Cour impériale du lieu où elle doit être donnée (Art 2018), règle dont l'application demande de résoudre cette question : où la caution doit-elle être donnée ? Pour y répondre, nous examinerons successivement les divers cas du cautionnement conventionnel, judiciaire et légal.

118. Dans le premier cas, il faut, avant tout, consulter l'intention des parties. Mais si cette intention ne se manifeste en aucune façon, par quelle règle y suppléer ? Selon M. Troplong (*Tr. du caut.*, n° 113), il serait évident que la caution doit alors être donnée au lieu où le créancier est lui-même domicilié ; mais si l'obligation principale avait été passée dans un lieu autre que le domicile du créancier, on pourrait facilement supposer que celui-ci a consenti à passer dans ce même lieu

l'acte de réception de la caution promise. Cette solution ne nous semble rien moins qu'évidente ; et nous préférons de beaucoup la doctrine de M. Pousot (*Tr. du caut.*, n° 159) qui, appliquant ici le principe qu'une obligation doit en général être exécutée au domicile du débiteur (Art. 1247, al. 2), décide que le débiteur n'est obligé qu'à fournir une caution domiciliée au même lieu que lui. La règle de l'art. 1247 est en effet particulièrement en harmonie avec la position d'un débiteur obligé à fournir caution ; car en contractant une telle obligation, il a dû naturellement compter, pour l'exécuter, sur les personnes du pays où il est connu. Vainement dirait-on, avec M Troplong, qu'il s'agit ici de l'intérêt du créancier et non de celui du débiteur ; l'application d'une telle idée serait la violation de la règle qui veut que dans le doute on interprète une convention dans le sens où elle est le moins onéreuse pour le débiteur. Si le créancier ne se contentait pas de l'application du droit commun, il fallait qu'il s'en expliquât lors de la convention. Quant à la doctrine des anciens auteurs, que M. Troplong voit, à ce qu'il paraît, tout entière dans un arrêt du parlement de Normandie rendu le 9 mars 1769 et cité par Basnage, elle ne consistait pas à déterminer, comme le fait le savant magistrat, le domicile de la caution par celui du créancier, mais bien

par le lieu où la convention avait été faite. Basnage dit lui-même (*Tr. des hypoth.*, ch. II) que :
« Régulièrement celui qui promet de donner une
caution doit la bailler au lieu où il contracte et
donner des personnes resséantes au même lieu. »
C'était une application du principe même sur lequel nous nous appuyons, et qui règle le domicile
de la caution par le lieu où l'obligation doit s'exécuter. Car autrefois on enseignait assez généralement que le paiement d'une obligation devait être
effectué au lieu où elle avait été contractée. Le
C. Nap. ayant décidé que le lieu du paiement
serait le domicile du débiteur, c'est donc appliquer logiquement la règle traditionnelle, que de
permettre au débiteur de s'acquitter au lieu de son
domicile de l'obligation de fournir caution et par
conséquent de présenter une personne domiciliée
dans le même ressort de Cour impériale. Cette
solution était admise en droit romain : elle résulte clairement d'un texte d'Ulpien que M. Troplong cite néanmoins à l'appui de son opinion (fr. 7,
§ 1, *qui satisd. cogant.*).

119. Pour le cas de cautionnement judiciaire,
les art. 517 et suivants du Code de procédure civile décident que la caution sera donnée au greffe
du tribunal qui a ordonné sa prestation. Il résulte
de là que c'est dans le même ressort de Cour
impériale que la caution devra être domiciliée.

120 Le lieu où doit être exécutée l'obligation,
de fournir une caution légale est quelquefois déterminé par la loi. Ainsi l'art. 993 du Code de
procédure civile décide que l'héritier bénéficiaire
doit présenter caution au greffe du tribunal de
l'ouverture de la succession. C'est donc dans le
ressort de la Cour impériale auquel ce tribunal
appartient que la caution devra être domiciliée.

Le domicile de la caution de l'étranger deman-
deur se détermine aussi facilement, cette caution
devant être donnée au greffe du tribunal où l'action est intentée.

Mais il est des cas où, dans le silence de la loi,
on n'est pas d'accord sur le lieu où la caution doit
être présentée, et par suite sur le ressort où elle
doit être domiciliée.

Pour la caution à fournir par le légataire usufruitier, on doit exclure tout d'abord la considération du domicile des héritiers aussi bien que
celle de la situation des immeubles soumis à l'usufruit : les héritiers peuvent être domiciliés, et les
immeubles situés dans plusieurs ressorts différents. Il reste donc à choisir entre le lieu de l'ouverture de la succession et celui du domicile du
légataire. M. Troplong (*Traité. du caut.*, n° 196)
tient pour le premier. Il se fonde sur ce que les
contestations relatives à l'exécution des dispositions testamentaires doivent se porter au tribunal

du lieu de l'ouverture de la succession (C. pr. civ., art. 5¹). Cette considération de la compétence judiciaire, quand elle ne serait pas étrangère à notre question, ne pourrait servir à la résoudre. En effet le tribunal de l'ouverture de la succession ne connaîtrait de la demande de caution qu'autant qu'elle serait dirigée reconventionnellement par l'héritier contre le légataire demandant la délivrance du legs ; et si cette demande était dirigée principalement par l'héritier contre le légataire jouissant déjà de l'usufruit, ce serait le tribunal du domicile du légataire qui devrait en connaître. Or la différence de ces deux situations ne doit pas influer sur l'obligation du légataire. Nous admettons, en conséquence, que la caution du légataire usufruitier doit être donnée au tribunal du domicile de ce dernier, et par conséquent être domiciliée dans le ressort duquel dépend ce tribunal.

121. Une remarque générale à faire sur la condition du domicile de la caution, c'est que le vœu de la loi sera suffisamment rempli pourvu que la caution ait au lieu voulu un domicile d'élection. Cette circonstance suffit en effet pour déterminer le siége des poursuites à exercer contre la caution et fixer la compétence judiciaire. Exiger un domicile réel, ce serait aggraver l'obligation du débiteur sans profit pour le créancier.

122. Nous arrivons à la condition de la solvabilité du fidéjusseur Cette solvabilité consiste dans la possession d'une fortune suffisante pour répondre de l'objet de l'obligation (Art. 2018). De plus, elle ne s'apprécie qu'eu égard aux propriétés foncières de la caution, excepté en matière de commerce ou lorsque la dette est modique, et sans tenir compte des immeubles litigieux ni de ceux dont la discussion deviendrait trop difficile par l'éloignement de leur situation (Art. 2019).

La règle que la solvabilité d'une caution ne s'estime en général que d'après ses propriétés foncières est tirée des doctrines de nos anciens auteurs : elle était en rapport avec le peu de développement qu'avait autrefois la propriété mobilière. Mais elle ne l'est plus avec l'état économique des sociétés modernes; aussi a-t-elle été rejetée par plusieurs législations étrangères. Cette même considération nous porte à décider, contrairement à l'opinion générale, que l'on devrait tenir compte, pour apprécier la solvabilité d'une caution, de la possession d'actions immobilisées de la Banque de France, Il est vrai que l'art. 2019 exige des propriétés *foncières ;* mais, à l'époque de la rédaction du Code, cette expression équivalait à celle de propriétés *immobilières.* Ce n'est que plus tard qu'un décret du 18 janvier 1808 permit d'immobiliser les actions de la Banque de France. Il nous semble conforme à l'esprit de ce décret d'attacher autant d'importance à ces actions immobilisées qu'à tout autre immeuble. Un créancier n'aurait aucune raison pour ne pas voir dans la possession de tels biens une garantie assez rassurante. Ces biens sont, comme les autres immeubles, susceptibles d'hypothèque et sont même à l'abri du dépérissement qui atteint souvent ceux-ci.

Les propriétés de la caution doivent, en outre, n'être ni litigieuses ni trop éloignées. L'appréciation de ces deux circonstances est abandonnée à la sagesse des juges. Ainsi, pour la première, il ne faudrait pas, appliquant à la matière du cautionnement l'art. 1700 relatif au retrait litigieux, ne considérer comme litigieux que des biens sur la propriété desquels il y aurait déjà un procès. Les juges doivent décider d'après les circonstances si le danger d'éviction est assez à craindre pour que le créancier ait droit de ne pas tenir compte de tel bien dans l'appréciation de la fortune immobilière de la caution. Proudhon décide avec raison qu'il ne faudrait tenir aucun compte d'un usufruit, même portant sur un immeuble, comme élément de la solvabilité d'une caution. Cette propriété, bien qu'immobilière, n'offrirait pas assez de garantie pour le créancier, parce qu'elle s'éteint à la mort de l'usufruitier.

De même, quant à la situation des biens de la

caution offerte , c'est aux juges à décider en fait
si l'éloignement de ces biens est tel qu'il opposerait une trop grande difficulté à l'exercice des
droits du créancier L'éloignement s'apprécie par
la distance du lieu où la caution doit être donnée.
Il est à remarquer que la loi n'exige pas que les
biens de la caution soient, comme son domicile ,
situés précisément dans le ressort de la cour impériale de ce lieu.

123. Aux trois conditions de capacité , de domicile et de solvabilité , la caution judiciaire doit
en joindre une quatrième, celle d'être susceptible
de contrainte par corps (Art. 2040, 2ᵉ al.). Cette
disposition est en rapport avec celle de l'art. 2060-
5° qui soumet les cautions judiciaires à cette voie
d'exécution.

124. Lorsqu'une personne obligée par la loi
ou par un jugement à fournir une caution n'en
trouve pas, elle est admise à donner à sa place un
gage d'une valeur suffisante (Art. 2041). On décide avec raison qu'elle ne pourrait forcer le
créancier à recevoir de même une hypothèque.
Les droits de celui ci seraient , il est vrai , aussi
solidement garantis ; mais on ne saurait , dans le
silence de la loi, imposer au créancier un genre
de garantie dont la conservation exige plus de
soins et dont il ne pourrait user qu'au moyen de
formalités plus nombreuses.

Si l'obligation de fournir caution dérivait d'une convention, l'art. 2041 ne serait pas applicable. Il faudrait alors s'en tenir rigoureusement à la convention des parties. Ainsi une personne à qui une autre aurait promis de lui prêter de l'argent à condition d'un cautionnement, ne pourrait pas forcer celle-ci à effectuer le prêt en lui offrant un gage à la place de la caution promise.

125. Il peut arriver qu'une caution, présentant les conditions requises au jour où elle a été reçue, cesse d'y satisfaire par suite d'événements postérieurs. Si le changement porte sur sa capacité, il est indifférent : pour que l'on soit astreint aux obligations résultant d'un contrat, il suffit que l'on ait été capable au jour où l'on s'est engagé. Si la caution établit son domicile hors du ressort de la Cour impériale du lieu où le cautionnement a été donné, il suffira au créancier de la forcer à conserver au moins un domicile d'élection dans ce ressort. Mais si c'est dans la fortune de la caution qu'il survient des changements, et que ces changements soient tels que la caution ne présente plus au créancier les sûretés sur lesquelles il avait compté, n'est-il pas juste d'imposer au débiteur l'obligation de fournir une nouvelle caution? En d'autres termes, un débiteur n'est-il pas responsable de la solvabilité d'une caution acceptée par le créancier?

On admettait assez généralement, dans notre ancien droit, que le débiteur était tenu de cette garantie dans les cas de cautionnement légal ou judiciaire, mais qu'il ne répondait pas de la solvabilité
d'une caution conventionnelle (Basnage : *Tr. des
hypoth.*, part. II, ch. II). Pothier (*Tr. des oblig.*,
n°392) distingua, pour ce dernier cas, si l'obligation
de fournir caution avait été contractée indéterminément, ou s'il y avait seulement eu promesse de
donner telle personne pour caution, et décida que,
dans la première hypothèse, le débiteur devait être
responsable de la solvabilité de la caution. Le législateur s'est montré plus rigoureux encore envers le débiteur en déclarant que l'obligation de
renouveler une caution devenue insolvable ne
cesse pour lui que dans le cas où la caution a été
donnée en vertu d'une convention par laquelle le
créancier a exigé une telle personne pour caution
(Art. 2020).

Pour que le créancier puisse exiger une caution
nouvelle, il ne suffit pas que la caution reçue
d'abord cesse de présenter toutes les conditions
que le créancier a pu exiger au moment de sa réception. Il faut que le dérangement de sa fortune
soit tel que le débiteur puisse raisonnablement n'y
plus trouver de garanties suffisantes. L'exigence de
telles conditions précises de solvabilité même après
la réception de la caution entraînerait contre le dé-

biteur la résolution du contrat principal, conséquence plus grave que la simple inexécution
de ce contrat.

S'il y avait plusieurs cautions, et qu'une ou quel-
ques-unes devinssent insolvables, le créancier
n'en pourrait exiger de nouvelles tant que la fortune de celles qui restent suffirait pour répondre
de ses droits. L'art. 444 du C. de comm. ap-
porte à cette règle une dérogation justifiée par les
besoins du crédit : il décide qu'en cas de faillite du souscripteur d'un billet à ordre, de l'ac-
cepteur d'une lettre de charge ou du tireur à défaut d'acceptation, les autres obligés sont tenus
de donner caution pour le paiement à l'échéance
s'ils n'aiment mieux payer immédiatement. Cette
disposition ayant un caractère exceptionnel et rigoureux, il faut conclure que, même en matière de
lettres de change ou de billets à ordre, elle ne s'appliquerait pas à l'endosseur ou au donneur d'aval, si le
failli n'était, comme eux, qu'un simple endosseur.

Lorsque l'insolvabilité de la caution n'est que
partielle, le débiteur n'est tenu qu'à fournir une
caution qui s'engage à ce dont la première ne
peut plus répondre. Il y a alors un supplément
de cautionnement, comme il y a un supplément
d'hypothèques lorsque les immeubles hypothéqués
deviennent, par suite de dégradation ou de destruction partielle, insuffisants pour la sûreté du
créancier (Art. 2131).

126. La mort d'une caution ne serait pas, comme son insolvabilité, une cause de renouvellement. L'obligation du fidéjusseur se transmettant selon les règles ordinaires à ses héritiers (Art. 2017), il faut apprécier si ceux-ci sont ou non solvables. Si quelqu'un d'eux ne l'est pas, le créancier pourra exiger une nouvelle caution répondant de la part dont il est tenu, et l'on ne pourrait le forcer à se contenter de la séparation des patrimoines s'il veut éviter les embarras de cette procédure.

Si la caution a pour héritier le débiteur lui-même, le créancier pourra demander une caution nouvelle alors même que le débiteur serait solvable.

La même solution s'appliquerait au cas où la caution aurait succédé au débiteur.

Si c'était le créancier qui eût succédé à la caution, il ne pourrait se prévaloir de la confusion opérée en sa personne pour exiger une nouvelle caution ; et il en serait de même si c'était la caution qui eût succédé au créancier.

POSITIONS.

DROIT ROMAIN.

I. — Il n'y a pas de règle à établir en droit romain sur le partage des loyers d'une maison ou les fermages d'un bien rural entre le nu-propriétaire et les représentants de l'usufruitier à la cessation de l'usufruit : les principes du droit romain excluent la possibilité d'un tel partage.

II. — L'institution d'héritier ou le legs est nul lorsque la désignation de l'héritier ou du légataire est laissée à un tiers, fût-elle limitée à une certaine classe de personnes. Il n'y avait à cet égard aucune discussion entre les jurisconsultes romains.

III. — Les biens acquis par le mari avec les sommes dotales n'étaient pas dotaux.

IV. — La donation à cause de mort ne transférait pas la propriété sans tradition par le seul fait du décès du donateur.

V. — Le *Jus italicum* n'était pas nécessaire pour qu'une ville eût la pleine jouissance du régime municipal.

VI. — Le régime municipal survécut à la destruction de l'empire : il eut même moins à souffrir de l'invasion des barbares que du despotisme impérial.

VII. — La constitution de la république romaine ne présente pas de distinction de pouvoirs : elle garantissait la liberté par la responsabilité des magistrats, le partage des magistratures et leur opposition réciproque. Ces différentes conditions disparurent avec la république : le pouvoir impérial se forma par la réunion des diverses magistratures sur une seule tête, et il fut irresponsable.

—

DROIT FRANÇAIS.

VIII. — Une personne peut contester la reconnaissance qu'elle a faite d'un enfant naturel.

IX. — L'art. 513 du C. Nap. qui interdit au prodigue d'aliéner ses biens sans le consentement de son conseil judiciaire est applicable aux coventions matrimoniales.

X. — La réduction autorisée par l'art. 781 du C. Nap. de la part d'un enfant naturel dans la succession de son père ou de sa mère ne peut être faite sans son consentement.

XI. — On doit appliquer la prescription de trois ans, et non celle de dix ans, aux actions publique et privée nées d'une infraction commise par un mineur de 16 ans, qui serait un crime de la part d'un majeur.

XII. — Le ministère public ne peut exercer de poursuites en banqueroute si l'existence de la faillite n'a été constatée par un jugement du tribunal de commerce.

XIII.—L'administration de l'enregistrement n'a pas pour le recouvrement des droits de mutation par décès, un droit de prélèvement ou de préférence vis-à-vis des créanciers de la succession. Le recouvrement de ces droits ne peut nuire aux créanciers du défunt qu'en ce qui concerne les revenus des biens. Lorsque le défunt a été déclaré en faillite avant son décès, l'administration de l'enregistrement ne peut exercer aucun droit sur l'actif de la faillite.

XIV. — Lorsqu'un tribunal français condamne un étranger envers un autre étranger, c'est d'après la loi française que l'on doit décider s'il y a lieu à la contrainte par corps.

XV. — On ne peut pas considérer les coutumes celtiques comme une source du droit français.

XVI. — L'origine du fief se trouve dans les concessions de terres faites par les rois et les seigneurs à leurs vassaux, et non dans les institutions militaires de l'empire romain.

Vu par le Président de la thèse,
OUDOT.

Vu par le Doyen de la Faculté,
C. PELLAT.

Permis d'imprimer,
Le Vice-Recteur ,
CAYX.

9 782014 024128